Peter Cichon

Einführung in die okzitanische Sprache

2., korrigierte Auflage

Romanistischer Verlag
Bonn 2002

BIBLIOTHEK ROMANISCHER SPRACHLEHRWERKE
Herausgegeben von Jürgen Rolshoven
Schriftleitung: Karl-Heinz Röntgen

4

Die Deutsche Bibliothek – CIP-Einheitsaufnahme

Cichon, Peter:
Einführung in die okzitanische Sprache / Peter Cichon. – 2., korrigierte Aufl. – Bonn : Romanistischer Verl., 2002
(Bibliothek romanischer Sprachlehrwerke ; 4)
ISBN 3-86143-132-7

Romanistischer Verlag Jakob Hillen
Hochkreuzallee 46, 53175 Bonn

ISBN 3-86143-132-7
ISSN 0932-495X

für Petjo und Zwetelina, meine besten Freunde

Inhaltsverzeichnis

Abkürzungsverzeichnis

Abl.	Ableitung
Adj.	Adjektiv
Adv.	Adverb
afrz.	altfranzösisch
Akt.	Aktiv
best.	bestimmter(e/es)
bez.	bezeichnet
Bsp.	Beispiel
dt.	deutsch
engl.	englisch
f./fem.	femininum
frz.	französisch
gaskogn.	gaskognisch
histor.	historisch
ident.	identisch
Indik.	Indikativ
klass.	klassisch
languedok.	languedokisch
lat.	lateinisch
m./mask.	maskulinum
nfrz.	neufranzösisch
okz.	okzitanisch
Part.	Partizip
pej.	pejorativ
Perf.	Perfekt
Pl.	Plural
Präs.	Präsens
provenzal.	provenzalisch
Pron.	Pronomen
Ps.	Person
Sg.	Singular
Subst.	Substantiv
v.	von
v.a.	vor allem
westl.	westlich
wörtl.	wörtlich
z.T.	zum Teil
>	"wurde/wird zu" (laut- und sprachgeschichtlich)
<	"geht zurück auf"
→	"wird zu, ergibt" (in der Wortbildung)
←	"leitet sich her von" (in der Wortbildung)

Geleitwort des Herausgebers

Die Geschichte romanischer Sprachen ist auch eine Geschichte sprachlicher Funktionen und Kommunikationsbedingungen.

In keiner romanischen Sprache haben sich Funktionen und Kommunikationsbedingungen in ihrem historischen und sozialen Kontext so radikal verändert wie im Okzitanischen. Erst die Kenntnis dieser Sprache vermittelt einen tieferen Einblick in die historischen Zyklen von Aufstieg, Größe, Niedergang und Wiederaufstieg, die den Süden des französischen Staatsgebietes prägen. Dies arbeitet der vorliegende Band prägnant und anschaulich heraus; in seiner Einführung, in den ausgewählten Texten und in den Kommentaren und Ergänzungen, nicht zuletzt in den Bildern, verbinden sich Sprach- und Landeskunde in sehr glücklicher Weise.

Ähnlich wie in den Einführungen in das Katalanische und in das Sardische erwächst die Dynamik des vorliegenden Bandes aus dem Spannungsverhältnis von Sprachkontakt und Sprachkonflikt; damit ist es ein weiterer Baustein in der Sprachbetrachtung und Sprachvermittlung eines Europas der Regionen.

Jürgen Rolshoven — Köln, im Dezember 1998

Vorwort

Nahezu ein jeder kennt Okzitanien, wenngleich es oft nicht in seiner kulturellen Eigenständigkeit, sondern als *Midi*, als südlicher Teil Frankreichs wahrgenommen wird. Verbreitet sind auch Kenntnisse über die okzitanische (Kultur-)Geschichte, zumindest über ihre mittelalterlichen Höhepunkte wie Troubadourlyrik und Albigenserkreuzzüge. Namen von Troubadouren wie Bernat de Ventadorn, Marcabru oder Peire Vidal sind weit über die Fachwelt hinaus bekannt. Gleiches gilt für Frédéric Mistral, den Protagonisten der literarischen Renaissancebewegung im 19. und beginnenden 20. Jahrhundert. Weniger bekannt ist jedoch, daß die okzitanische Literaturproduktion bis heute anhält und hinter ihr zugleich die gelebte Praxis einer Sprache steht, die trotz jahrhundertelangen Lebens im Schatten des Französischen einen großen Teil seiner Lebendigkeit bewahrt hat. Diese Lücke möchte die vorliegende Einführung schließen helfen und zugleich einen ersten praktischen Einstieg ins Neuokzitanische vermitteln.

Die lange Existenz im Schatten und zugleich unter dem *éteignoir*, dem Löschhorn des Französischen, bringt es mit sich, daß das Okzitanische heute nicht auf allen Kommunikationsebenen gleichermaßen präsent ist. Vor allem auf hochsprachlicher Ebene weist es deutliche Defizite auf. Das hat zur Folge, daß die Sprache, anders als im Mittelalter, heute über keine fest etablierte Standardnorm verfügt, an der sich ein Lehrbuch wie das vorliegende orientieren kann, sondern teilweise, etwa im Bereich der Morphologie oder des Lexikons, zwischen mehreren Varianten zu wählen ist. Zwar habe ich versucht, die Einführung möglichst nahe am Modell des sogenannten Referenzokzitanisch zu schreiben, doch gibt es ungelöste Streitfälle, in denen eine Entscheidung zu treffen war, bei der letztlich die eigene Erfahrung durchschlägt (zwecks Erwerbs der Sprache habe ich seinerzeit ein Jahr in Okzitanien gelebt und, da das Okzitanische im ländlichen Bereich am lebendigsten ist, vorwiegend in der Landwirtschaft gearbeitet). Gleichwohl hatte ich bei der Erstellung der Arbeit kundigen Rat und Unterstützung, besonders von Georg Kremnitz und Jacme Taupiac, für die ich mich auf diesem Wege herzlich bedanke. Dennoch bin ich allein für den Inhalt des Buches verantwortlich. Gedankt sei auch den verschiedenen Verlagen für die freundlich gewährten Abdruckrechte der Texte und Fotos.

Die vorliegende zweite Auflage ist mit Ausnahme einiger Korrekturen identisch mit der ersten von 1999.

Wien, im März 2002 — Peter Cichon

Einleitung

1) Sprachgeschichte

Ein wichtiger Schlüssel zum Verstehen des gesellschaftlichen Funktionierens einer Sprache ist das Wissen um ihre Geschichte und die Rahmenbedingungen ihrer Existenz. Im Besonderen gilt dies für Sprachen, die wie das Okzitanische in Kontakt und Konflikt mit einer anderen, politisch stärkeren Sprache stehen und sich gegen diese behaupten müssen. Aus diesem Grunde beginnt unsere Einführung in die okzitanische Sprache mit einem sprachgeschichtlichen Exkurs.

Eigentlich beginnt die Geschichte des Okzitanischen wie eine Erfolgsgeschichte. Mit Recht heißt es von ihm, daß es unter den romanischen Sprachen besonders früh zu kultureller Blüte gelangt. Denn bereits ein Jahrhundert, nachdem um das Jahr 1000 die ersten literarischen Texte in Altokzitanisch auftauchen, tritt mit Guilhèm IX (1071-1127), dem Herzog von Aquitanien, der erste Troubadour auf und leitet eine rund zwei Jahrhunderte dauernde, glanzvolle lyrische Schaffensperiode ein, die zum Vorbild für die gesamte westeuropäische Dichtkunst des Hochmittelalters wird. Dantes berühmtes Urteil, wonach das Okzitanische besser und schöner sei als seine Schwestersprachen Französisch und Italienisch, gibt hiervon beredtes Zeugnis. Doch nicht nur als Sprache der Dichtung, sondern auch als Amts- und Wissenschaftssprache findet das Okzitanische bereits im 12. Jh. Verwendung (die erste okzitanische Urkunde stammt aus dem Jahre 1102) und dringt damit deutlich früher als etwa das Französische in Verwendungsbereiche vor, die bis dahin ausschließliche Domäne des Lateins waren. Und schließlich ist das Okzitanische die erste romanische Volkssprache überhaupt, in der eine Grammatik geschrieben wird: die *Razós de trobar* von Raimon Vidal de Besalú, entstanden Ende des 12./Anfang des 13. Jh. in Katalonien (zum Vergleich: die erste französische Grammatik, der *Donait françois*, entsteht um 1400, und die erste spanische Grammatik, die *Gramática de la lengua castellana* von Antonio de Nebrija, erscheint 1492). Wie bei dem nicht weniger bedeutenden *Donatz Proensals* von Uc Faidit (entstanden um 1240 in Italien) und weiteren Nachfolgewerken handelt es sich hierbei vor allem um Poetiken, also Lehr- bzw. Regelwerke der Dichtkunst, die zumeist nicht für Okzitanen geschrieben werden, sondern für Lyriker anderer Muttersprache, die ihre Dichtung in Okzitanisch verfassen möchten - ein deutliches Indiz für dessen hohes Prestige.

Der rasche Aufstieg des Okzitanischen erfolgt auf einem soziokulturellen Nährboden, der seine besondere Fruchtbarkeit dem Zusammenwirken dreier Faktoren verdankt:

- einer intensiven Latinisierung des römisch besetzten Süden Galliens (vor allem der *Provincia nostra* - von ihr leitet sich der heutige Name der *Provence* her -, in augusteischer Zeit in *Gallia Narbonensis* umbenannt und in spätrömischer Zeit Teil der Diözese *Septem Provinciarum*), in dem ein hoher Zivilisationsgrad den

Untergang des Weströmischen Reiches unbeschadeter übersteht als in anderen Gebieten der Westromania;

- einem in römischer Zeit entstandenen ausgeprägten Städtewesen, das sich nicht nur gegenüber agrarischen Lebensformen durch größere gesellschaftliche Offenheit auszeichnet, sondern dessen intensives, arbeitsteiliges Wirtschaftsleben zugleich Prosperität und damit einen breiteren Spielraum für Bildung und Kultur schafft;
- zum dritten einer geographischen Lage (als Mittelmeeranrainer, als wichtiger Transit- und als Kommunikationsraum zwischen iberischer Halbinsel und Resteuropa sowie als Nachbar der Araber in Spanien), die besonders intensive und bereichernde Kontakte mit anderen hochstehenden Kulturen, vor allem der arabischen, zur Folge hat; Alteritätserfahrungen, das lehrt uns die Geschichte des Mittelalters und der frühen Neuzeit, können fruchtbare Impulsgeber für die eigene kulturelle Entwicklung sein - denken wir etwa an den arabischen Einfluß auf den spanischen Hof Alfons des Weisen im 13. Jh. oder an die dynamisierende Wirkung italienischer Kunst und Wissenschaft, die im 16. Jh. mit Katharina von Medici an den französischen Hof kommt.

In der Geschichte jeder Sprache spiegelt sich immer auch die ihrer Trägergesellschaft. Zäsuren und Brüche in deren Entwicklung führen, meist mit einer gewissen Verzögerung, zu Veränderungen im Aufbau der Sprache und in der Praxis ihrer Verwendung. Besonders die Geschichte kleinerer bzw. sogenannter Minderheitensprachen zeigt sich dabei oft als Wechselspiel von Anpassung und Widerstand gegenüber erzeugtem Assimilationsdruck.

Das historische Ereignis mit dem nachhaltigsten Einfluß auf die Entwicklung der okzitanischen Sprache sind die sogenannten Albigenserkreuzzüge (1209-1229). Als *Albigenser* werden seit dem 12. Jh. die im westlichen Languedoc, besonders in und um Albi konzentrierten Glaubensgruppen der Katharer bezeichnet, die zunächst in gemäßigter, mit der Zeit jedoch in zunehmend radikaler Opposition zur katholischen Kirche stehen und gegen die, nach erfolglosen Missionierungsversuchen durch Zisterzienser und Dominikaner und ausgelöst durch die Ermordung des päpstlichen Legaten Pèire de Castèlnòu (1208), Papst Innozenz III. zum Kreuzzug aufruft. Ergebnis dieses Kreuzzuges, in dem von Beginn an religiöse und politische Ziele eng miteinander verquickt sind (konkret religiös motivierter Kreuzzug und politisch motivierte Annexionsbestrebungen), sind die Zerschlagung der politisch bedeutenden Grafschaft Toulouse und die Eingliederung des Languedoc im Frieden von Meaux 1229 in das Herrschaftsgebiet der französischen Krone. Nicht ohne historische Pikanterie ist, daß die Hauptverlierer dieses Kreuzzuges dieselben Grafen von Toulouse sind, die in der Person Raymond IV. 120 Jahre zuvor die südfranzösischen Ritterkontingente erfolgreich im ersten Kreuzzug ins Heilige Land führen und dort die Grundlagen für die spätere Gründung der Grafschaft Tripolis schaffen. Markiert die Eingliederung der Grafschaft Toulouse ins Herrschaftsgebiet der französischen Krone den Anfang des Verlustes der politischen Unabhängigkeit des

Midi, so wird diese mit der politischen Angliederung des Béarn an Frankreich zu Beginn des 17. Jh. seinen Abschluß finden.

Bei den sprachlichen Folgen der Albigenserkreuzzüge für das Okzitanische muß zwischen den Bereichen der Literatur- und der Amtssprache unterschieden werden. Verheerend sind die Folgen für die Troubadourlyrik, die mit dem Verschwinden der okzitanischen Höfe ihren zentralen Gegenstand und ihr wichtigstes Wirkungsfeld verliert. Demgegenüber hält sich die verwaltungssprachliche Verwendung des Okzitanischen und kann zunächst ihre Anwendungsbereiche sogar ausbauen. Gleichwohl bleibt auch sie langfristig von den veränderten Herrschaftsstrukturen nicht verschont, Strukturen, die auf Französisch funktionieren und an denen nur teilhat, wer sich auf diese Sprache einläßt. Praktischen Niederschlag findet diese Erkenntnis in den *Parlements*, unabhängigen regionalen Gerichtshöfen, deren Einrichtung die okzitanischen Ständevertretungen dem Dauphin und späteren französischen König Karl VII. im Hundertjährigen Krieg (1337-1453) als Preis für ihre politische Loyalität abringen, die jedoch bald dazu übergehen, ihre Schreiben an den König in Französisch zu verfassen: den Anfang macht 1442 das Parlament von Toulouse, 1470 gefolgt von (dem inzwischen den Engländern endgültig abgerungenen) Bordeaux und 1523 vom Parlament von Aix-en-Provence. Zum verbindlichen Gesetz erhoben wird diese Praxis in der königlichen Ordonnance von Villers-Cotterêts aus dem Jahre 1539, derzufolge die Abfassung aller administrativen und juristischen Dokumente sowie rechtliche Handlungen (also auch mündliche Gerichtsverhandlungen) zukünftig nur mehr auf Französisch zu erfolgen haben ("en langage maternel françois et non autrement"). Diese Verfügung, die vor allem die bereits fortgeschrittene verwaltungs- und rechtssprachliche Durchsetzung des Französischen gegenüber dem Lateinischen weiter beschleunigen und sanktionieren soll und Teil des Aufbaus absolutistischer Verwaltungsstrukturen ist, markiert zugleich den Beginn französischer Sprachpolitik im engeren Sinne. Ihre Wirkung auf die okzitanische Schriftsprache ist nachhaltig: am Ende des 16. Jh. ist sie als Verwaltungssprache praktisch verschwunden. Das parallel wachsende Prestige des Französischen als Literatursprache veranlaßt auch die große Mehrheit der okzitanischen Schriftsteller zum Sprachwechsel.

Der weitgehende Verlust der okzitanischen Schriftsprache im Laufe des 16. Jh. hat tiefgreifende Folgen für den Sprachaufbau und das Sprecherbewußtsein. Mit dem Niedergang des Schrifttums geht dem Okzitanischen ein wichtiges Integrations- und Normierungsinstrument verloren. Die zunehmende Beschränkung des Sprachgebrauchs auf orale und kleinräumige Kommunikation verstärkt die Dialektalisierung der Sprache und läßt gleichzeitig das Gefühl linguistischer Zusammengehörigkeit unter den Sprechern der verschiedenen Varianten des Okzitanischen schrumpfen. Natürlich bilden auch die dominierenden europäischen Sprachen dialektale Varianten aus, in der Regel wird dadurch jedoch das Bewußtsein sprachlicher Zusammengehörigkeit nicht beeinträchtigt, weil es daneben eine gemeinsam benutzte Hochsprache gibt.

Der weitgehende Schriftverlust im 16. Jh. läßt das Okzitanische, ganz anders als das Französische, kaum vom aufkommenden Buchdruck profitieren. Auch an der Industrialisierung und der rasant expandierenden Verwaltungsbürokratie des 18. u. 19. Jh., die beide massive Veränderungen im sprachlichen Bezeichnungsdedarf und in der Kommunikationspraxis mit sich bringen, wird das Okzitanische kaum Teil haben. Da jedoch solcherart seine lexikalischen Register nicht ausgebaut werden, gerät es zunehmend in den Ruf einer veralteten, für moderne und urbane Kommunikation untauglichen Sprache.

Lange Zeit unbeeinflußt von dieser Entwicklung bleibt die Stellung des Okzitanischen als gesprochener Sprache des Südens Frankreichs. Bis weit ins 19. Jh. hinein gestaltet sich für die Masse der überwiegend agrarischen Bevölkerung das Verhältnis zwischen Französisch und Okzitanisch als das, was in der Sprachwissenschaft als mediale Diglossie bezeichnet wird. Nur das Medium der Schrift und bestenfalls öffentliche Redeanlässe mit einem hohen Formalisierungsgrad sind Domänen des Französischen, während die klar dominierende Sprechsprache Okzitanisch bleibt. Da jedoch die große Mehrheit der Bewohner des Süden Frankreichs noch Analphabeten sind - mancherorts sind es überhaupt nur die Geistlichen und, soweit vorhanden, die Notare, die lesen und schreiben können - ist das Okzitanische für sie meistens zugleich die einzige beherrschte Sprache. Das zwingt andererseits auch jene gesellschaftlich dominierenden Gruppen, die berufs- und bildungsbedingt über Französischkenntnisse verfügen, zu einer praktizierten Zweisprachigkeit.

An dieser Situation ändert sich bis zur Französischen Revolution wenig. Sind jedoch im *Ancien Régime* fehlende Französischkenntnisse der Untertanen kaum ein Gegenstand politischer Besorgnis, so behindern sie jetzt eine gesellschaftliche Durchdringung mit dem Gedankengut der Revolution und erschweren die Verwirklichung einer neuen politischen Ordnung, die ihre Legitimität aus der Teilhabe aller Bürger an der politischen Willensbildung herleitet. Alphabetisierungs- und Franzisierungsprogramme bzw. der Aufbau eines umfassenden öffentlichen Schulwesens gehören daher zu den ersten Revolutionsprojekten, scheitern jedoch, weil der politische Wille fehlt, hierfür auch die notwendigen öffentlichen Finanzmittel aufzubringen. Dies wird erst rund hundert Jahre später und nach der militärischen Niederlage im deutsch- bzw. preußisch-französischen Krieg von 1870/71 möglich - vielfach wird der Sieg des protestantischen Preußen dem höheren Alphabetisierungsgrad seiner Truppen zugeschrieben.

Trotzdem markieren die Französische Revolution und das anschließende napoleonische Kaiserreich eine neue Dimension im franko-okzitanischen Sprachkonflikt. Zum erstenmal und mit bisher nicht gekannter Intensität dringt das Französische in das kommunale und private Leben der Menschen ein: eine Flut von französischsprachigen Gesetzen, Verordnungen und öffentlichen Bekanntmachungen schmückt die Hauswände und ruft die Neugier der Menschen hervor. Zugleich entsteht, besonders in revolutionärer Zeit, eine Fülle neuer öffentlicher Ämter und Funktionen, zu deren "patriotischer" Ausübung bzw.

Erfüllung die Verwendung der französischen Sprache gehört. Und schließlich werden, hier vor allem in napoleonischer Zeit, große Teile der männlichen Bevölkerung zum Militärdienst herangezogen und nehmen von dort die Erfahrung begrenzter Verwendbarkeit der eigenen Sprache bzw. das Gefühl kommunikatorischer Unterlegenheit des Okzitanischen gegenüber dem Französischen mit nach Hause.[1] Noch schlimmer für die weitere Entwicklung der Minderheitensprachen auf französischem Staatsgebiet wird jedoch die sprachideologische Prägung der Bevölkerung durch die jakobinische Maxime *ein Staat = eine Nation = eine Sprache*, in deren Folge im 19. und 20. Jh. aus der bisherigen Ignorierung eine systematische Bekämpfung der insgesamt sieben Regionalsprachen Frankreichs wird. Ihr Hauptinstrument ist die 1881 eingeführte und rasch durchgesetzte allgemeine Schulpflicht. Im Unterricht und auf dem Schulgelände ist nur das Französische zugelassen, der Gebrauch der als *patois* diskreditierten Regionalsprachen ist strikt untersagt, Verstöße werden bestraft (zugleich werden die Schuldigen richtiggehend stigmatisiert, etwa durch das Umhängen eines Schuldzeichens[2]). Wenn in der Folge die Okzitanischsprecher den Gebrauch ihrer Sprache mehr und mehr auf den unmittelbaren Privatbereich beschränken und sie zum Teil bewußt nicht mehr an die eigenen Kinder weitergeben, so tun sie dies zum einen, um ihnen jene schulischen Traumata zu ersparen, die sie selbst erlebt haben, zum andern, weil sie Zeugen der ständig sinkenden gesellschaftlichen Profitabilität ihrer Sprache werden und ihre Kinder sozial nicht benachteiligen wollen. Verstärkt durch Faktoren wie zunehmende Urbanisierung, Abwanderungen in die Industriezentren des Nordens Frankreichs bei gleichzeitig verstärktem Einsickern frankophoner Bevölkerungen und wachsender Präsenz französischsprachiger Zeitungen und Radios im eigenen Sprachgebiet, führt dies zwischen 1880 und dem Ende des zweiten Weltkrieges zu einer radikalen Veränderung der Sprachsituation in Okzitanien, dabei allerdings in regional unterschiedlichen Zeitläufen. Ungefähr ab 1950 verschwinden die letzten monolingualen Okzitanischsprecher, d.h. jene Sprechergruppe, die nicht das französische Schulsystem durchlaufen hat. Und unter den nach 1970 Geborenen, das haben Schülerbefragungen in der Region Languedoc-Roussillon ergeben, findet sich praktisch niemand mehr, der seine sprachliche Primärsozialisation noch ausschließlich in Okzitanisch erfahren hat. Von diesem Zeitpunkt an wird Okzitanisch nur mehr parallel zum Französischen oder aber sekundär erworben.

Aus der Gewißheit heraus, daß das Okzitanische und die anderen Minderheitensprachen Frankreichs die gesellschaftliche Vorrangstellung des Französischen nicht mehr ernsthaft gefährden können, räumt ihnen der französische Staat 1951 in der *loi Deixonne* eine bescheidene schulische Wiederzulassung ein. Die Bedeutung dieses Gesetzes liegt weniger in seinen inhaltlichen Bestimmungen - diese bleiben eher vage - als in seiner bloßen

---

1 Siehe hierzu u.a. Brunot, Ferdinand, 1967, *Histoire de la langue française des origines à nos jours*, Bd. IX/1 (La Révolution et l'Empire), Paris: Colin.

2 Der Text der 7. Lektion wird sich mit diesem Phänomen beschäftigen.

Existenz, d.h. der offiziellen Wahrnehmung (nicht Anerkennung) von Regional- bzw. Minderheitensprachen auf dem Territorium des französischen Staates. Eine Reihe von Ausführungsbestimmungen und Ergänzungsgesetzen ermöglichen die Einrichtung freiwilliger Okzitanischkurse zunächst außerhalb des normalen Unterrichts und ohne materielle Unterstützung durch die Schulverwaltungen. Eine freiwillige Okzitanischprüfung im Rahmen des Abiturs kann zur Verbesserung der eigenen Durchschnittsnote genutzt werden, ohne allerdings für das Bestehen des Abiturs selbst relevant zu sein (mehr als 10.000 Jugendliche nutzen jährlich diese Möglichkeit). Seit Anfang der 1970er Jahre kann Okzitanisch auch als reguläres Unterrichts- und entsprechend vollgültiges Prüfungsfach gewählt werden.

Albigenserkreuzzüge, Edikt von Villers-Cotterêts, Französische Revolution und Einführung der allgemeinen Schulpflicht sind entscheidende Determinanten für die Geschichte der okzitanischen Sprache. Zugleich sind sie Einflußfaktoren, die alle von außen auf die okzitanische Kultur einwirken und damit die starke Fremdbestimmtheit ihrer Geschichte dokumentieren. Präsent ist diese Fremdbestimmtheit auch in der Reaktion der Okzitanischsprecher auf sie: wo diese zur Anpassung an das frz. Kulturmodell führt, liegt die Beeinflussung auf der Hand, doch auch dort, wo Widerstand aufkommt und sich, was oft geschieht, antithetisch äußert, bezieht er die Orientierungen für das eigene Handeln letztlich aus der herrschenden französischen Kultur.

Sprachlich-kulturelle Renaissancebewegungen in Minderheitensprachen sind Krisensymptome. Sie sind Ausdruck des Mißverhältnisses zwischen der eigenen kulturellen Orientierung und den begrenzten gesellschaftlichen Möglichkeiten, eine solche zu leben. So gesehen sind sie zugleich Hoffnungsträger. Finden wir die erste bedeutendere okzitanische Renaissancebewegung als vor allem literarische Bewegung bereits in der zweiten Hälfte des 16. Jh. in der Gaskogne und in der Provence (in der Gaskogne verbunden mit Forderungen nach politischer Autonomie), so sind für die jüngere Geschichte *Félibrige* und jene okzitanistische Bewegung, aus der nach dem zweiten Weltkrieg das *Institut d'Estudis Occitans* hervorgeht, die wichtigsten. Der Félibrige, 1854 u.a. von den provenzalischen Dichtern Mistral, Aubanel und Roumanille gegründet, wird vor allem aufgrund des Erfolges des Werks von Frédéric Mistral (für sein 1859 veröffentliches Epos *Mirèio* erhält er 1904 den Literaturnobelpreis) zur bedeutendsten literarischen Renaissancebewegung des 19. und beginnenden 20. Jahrhunderts und zugleich ein wichtiges Reparaturinstrument für das Sprachbewußtsein der Okzitanen. Eine ausgeprägte Rückwärtsgewandtheit, die geographische Beschränkung auf die Provence, eine umstrittene Graphie und nicht zuletzt die Ablehnung jeder Politisierung der Minderheitenfrage schränken jedoch seine Breitenwirkung ein und lassen Kritik aufkommen. Am deutlichsten und nachhaltigsten wird diese von Autoren im Umkreis der 1923 gegründeten Zeitschrift *Oc* formuliert, die einen entschlossenen Panokzitanismus propagieren und zugleich intensiv die Rolle der okzitanischen Spache und Literatur in der modernen Gesellschaft diskutieren. An katalanischen Vorbildern orientiert, ist diese Gruppe auch entscheidend an der

1930 erfolgenden Gründung der *Societat d'Estudis Occitans* (S.E.O.) beteiligt, aus der 1945 das bereits erwähnte Institut d'Estudis Occitans (I.E.O.) hervorgeht. Beide setzen sich die organisatorische Zusammenfassung kulturemanzipatorischer Kräfte im Okzitanismus zum Ziel.

Aus dem weiteren Geschichtsverlauf herauszuheben sind zunächst die Ereignisse um das Jahr 1968, in deren Rahmen eine massive Infragestellung des politisch-kulturellen Zentralismus in Frankreich erfolgt. Besondere Bedeutung gewinnen in diesem Zusammenhang die Analysen der katalanischen Soziolinguisten, die auf die Konflikthaftigkeit des Kontaktes zwischen sozial ungleich gestellten Sprachen verweisen, und die des okzitanischen Autors und Theoretikers Robert Lafont, der die Kulturpolitik des frz. Staates auch innerhalb Frankreichs als kolonialistisch bezeichnet und eine Entkolonialisierung fordert. Überall enstehen regionalistische Parteien (die wichtigste okzitanische wird VVAP = Volèm Viure Al País, zu dt.: „Wir wollen im Lande leben", d.h. wir kämpfen für einen gesellschaftlich-wirtschaftlichen Umbau, damit uns die drückende Arbeitslosigkeit nicht mehr zwingt, in den industrialisierten Norden Frankreichs abzuwandern) und mit ihnen eine Sensibilisierung breiterer Bevölkerungsgruppen für die Anliegen der regionalen Minderheiten. Ein größerer politischer Erfolg bleibt diesen Gruppen allerdings versagt, da sie untereinander zerstritten sind und sich z.T. gegenseitig neutralisieren. Dafür gelingt es jedoch, regionalistisches Gedankengut in die Parteien der Linken hineinzutragen, wo sie sich in Gesetzesentwürfen wie jenem der Sozialistischen Partei Frankreichs aus dem Jahre 1975 niederschlagen. Analog zu Maßnahmenkatalogen, wie sie der Europarat und das Europäische Parlament zur Verbesserung der Situation der Minderheitensprachen in Europa formulieren und in denen sich die Überzeugung ausdrückt, daß der soziale Erhalt einer Minderheitensprache nur gelingen kann, wenn sie in gesellschaftlich profitablen Verwendungsbereichen präsent ist, werden hier zum erstenmal Forderungen nach offizieller Anerkennung der Minderheitensprachen laut, nach verstärkter Präsenz im öffentlichen Leben, in der Verwaltung, in Presse, Funk und Fernsehen sowie einer festen Verankerung im Schulwesen. Entsprechend groß ist die Freude zahlreicher Minderheitengruppen, als, nicht zuletzt dank des Wahlverhaltens der Okzitanen, die französische Linke 1981 tatsächlich an die Macht gelangt. Statt jedoch die Gunst der Stunde zu nutzen und jetzt massiv die Einlösung der politischen Versprechungen einzufordern, verharren die Minderheitengruppen weitgehend untätig in Erwartung der praktischen Umsetzung dessen, was in Wahlkampfzeiten vielversprechend "le droit à la différence" und "une France pluriculturelle" geheißen hatte. Der von der Regierung in Auftrag gegebene *Rapport Giordan* zeichnet einen Weg, wie eine "réparation historique", eine historische Wiedergutmachung des französischen Staates an seinen Minderheitensprachen, aussehen könnte. Was dann jedoch an konkreten Maßnahmen umgesetzt wird, bleibt weit hinter den Erwartungen zurück: keine offizielle Anerkennung (eine solche versagt der französische Staat seinen sprachlichen Minderheiten bis heute), entsprechend keine Zulassung im öffentlich-amtlichen Bereich, keine wirkliche Verbesserung der Präsenz in den

Medien und eine nur geringe Aufwertung im Schulwesen. Zu nennen ist hier der *Circulaire Savary* aus dem Jahre 1982, der Schülerinnen und Schülern ab dem 13. Lebensjahr die Möglichkeit einräumt, Okzitanisch in der Option einer zweiten oder dritten lebenden Sprache zu erlernen. Da jedoch die schulische Besserstellung nicht durch andere Formen öffentlichen Ausbaus der Sprache flankiert wird, hält sich die Nachfrage in Grenzen. Da zudem zahlreiche Schulbehörden den Okzitanischunterricht eher behindern als fördern, gelangen heute nur etwa 3-5% der südfranzösischen Schulkinder in den Genuß von Okzitanischunterricht.

Trotzdem hat sich die schulische Situation des Okzitanischen verbessert, und zwar aufgrund einer verstärkten institutionellen Absicherung und einer deutlichen Professionalisierung der Lehrerausbildung. So gibt es heute erstmals in der frz. Schulgeschichte ein okzitanisches Sekundarlehrerdiplom, ein sog. C.A.P.E.S. (Certificat d'aptitude au professorat de l'enseignement du second degré).

Vielleicht noch wichtiger für die weitere Entwicklung des Okzitanischen, in seinen Möglichkeiten jedoch noch nicht voll abschätzbar, sind die Regionalisierungsgesetze, die 1982 vom frz. Innen- und Dezentralisierungsminister Gaston Defferre eingeleitet werden. Das Konzept der *Région* gibt es zwar bereits seit 1956 (zunächst als programmatische Wirtschaftsräume, seit 1973 als Verwaltungseinheiten zwischen Staat und Département), doch erst seit 1983 funktionieren sie als politische Organisationseinheiten, die u.a. über größere Budgetmittel für eine eigene Kulturpolitik verfügen. Die Förderung des Okzitanischen dient hier zugleich dazu, Regionen wie Midi-Pyrénées oder Languedoc-Roussillon ein kulturelles Profil zu verschaffen. Auch wenn dabei die Verwendung des Okzitanischen oft nur emblematischer Natur ist, so erfährt es doch eine zumindest symbolische Aufwertung und kann das Kultur- und Sprachbewußtsein der Bevölkerung stärken.

2) Sprachgebiet und dialektale Aufgliederung des Okzitanischen

Das Sprachgebiet des Okzitanischen ist unter den Minderheitensprachen auf französischem Staatsgebiet das mit Abstand größte. Es umfaßt im wesentlichen das Gebiet des sog. Midi, d.h. das südliche Drittel Frankreichs. In zahlreichen Quellen wird dies mit dem Hinweis auf mehr als dreißig französische Départements, in denen Okzitanisch gesprochen wird, präzisiert. In früheren Zeiten reichte das Sprachgebiet des Okzitanischen weiter in den Norden hinein, möglicherweise bis an die Loire. Außerhalb Frankreichs kommen auf spanischem Staatsgebiet das Val d'Aran mit dem Oberlauf der Garonne und auf italienischem Gebiet die östlichen Ausläufer der Südalpen hinzu. Kleine Sprachinseln in Kalabrien, Argentinien und Deutschland haben heute ihre Bedeutung verloren.

Typologisch gehört das Okzitanische zusammen mit dem nahe verwandten Katalanischen in die Gruppe jener konservativen romanischen Sprachen, die sich nahe am Lateinischen entwickelt haben, was zugleich seine deutliche Verschiedenheit gegenüber dem Französischen erklärt.

Für gewöhnlich wird das Okzitanische in drei Dialektzonen eingeteilt, in das Nordokzitanische (mit Limousinisch, Auvergnatisch und Alpinisch), in das Südokzitanische (mit Languedokisch und Provenzalisch) und in das Gaskognische.

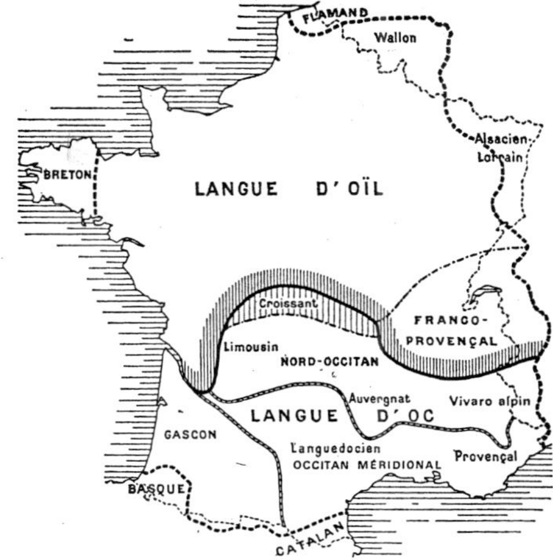

[Karte aus: Bec, Pierre, [4]1978, *La langue occitane*, Paris: PUF, S. 9]

Wesentliches Kennzeichen des Nordokzitanischen und zugleich entscheidendes Abgrenzungskriterium gegenüber dem Südokzitanischen und dem Gaskognischen ist die Palatalisierung des lateinischen CA und GA, die sich nordokzitanisch zu <cha> [tʃa] und zu <ga> [dʒa] weiterentwickelt haben, während sie südokzitanisch und gaskognisch als <ca> [ka] und <ga> [ga] erhalten geblieben sind; aus lateinisch CANTARE wird also im Nordokzitanischen *chantar* [tʃan'ta(r)] und im übrigen okzitanischen Sprachgebiet *cantar* [kan'ta(r)].

Das Gaskognische nimmt innerhalb der okzitanischen Sprachfamilie eine Sonderstellung ein. Schon im Mittelalter gilt es im Verhältnis zur Koiné der Troubadoure als *lengatge estranh*, als fremdartige Sprache. Teilweise deutliche Abweichungen von den anderen okzitanischen Dialekten sind wohl auf baskischen Substrateinfluß zurückzuführen. Die ausgeprägtesten Eigenheiten finden sich im Bereich der Phonetik: so steht im Anlaut ein aspiriertes h, wo im übrigen Okzitanisch ein f realisiert wird (aus lat. FILIUS wird gask. *hilh*, ansonsten *filh*) und intervokalisches -n- verstummt (languedokisch *una femna* ("eine Frau") heißt im Gaskognischen *ua hemna*).[3]

[3] Mehr zu den Besonderheiten des Gaskognischen, Provenzalischen und Nordokzitanischen findet sich in den letzten beiden Lektionen dieser Einführung. Auf das Languedokische braucht nicht gesondert eingegangen zu werden, da es die Grundlage jenes Referenzokzitanischen darstellt, dem auch unser Lehrwerk folgt.

3) Sprachname

Unsicherheit oder fehlender Konsens in der Bezeichnung einer Sprache ist ein deutlicher Hinweis auf einen ungesicherten Sprachstatus und ein ungesichertes Sprachbewußtsein der Sprecher. Im Bereich des Okzitanischen ist die Verwirrung in der Sprachbezeichnung besonders groß:

Auf fachwissenschaftlicher Ebene und unter okzitanischen Kulturschaffenden treffen wir auf die Bezeichnungsopposition *provençal* (Provenzalisch) vs. *occitan* (Okzitanisch). Vor allem in der deutschsprachigen Romanistik dominiert lange die Bezeichnung *Provenzalisch.* Diese beschäftigt sich besonders in ihren Anfängen im 19. Jh. intensiv mit der Troubadourlyrik aus dem Gebiet der Provence, und auch der die okzitanische Renaissance lange beherrschende Félibrige (s.o.) benutzt diese Bezeichnung. Nun hat die Tendenz, den Namen eines okz. Dialektes als Bezeichnung für das gesamte Sprachgebiet zu verwenden, durchaus Tradition. In dieser Funktion finden wir z.B. für das Hochmittelalter den Namen *lemosin* (Limousinisch) oder seit dem 17. Jh. die *gasconismes corrigés*, jene berühmt-berüchtigten und bis in die jüngere Vergangenheit immer wieder aufgelegten Fibeln mit eben nicht nur gaskognischem Lehngut im Französischen, das es zu tilgen gelte. Gleichzeitig ist der Name *lingua d'oc* als Bezeichnung des gesamten okzitanischen Sprachgebietes in Opposition zur *lingua d'oïl* (Französisch) - *oc* und *oïl* sind die in beiden Sprachen benutzten Bezeichnungen für "ja" - ebenso wie das Adjektiv *occitanus* seit Anfang des 14. Jh. belegt.

Wenn sich unter Okzitanen die Begriffsopposition *occitan-provençal* bis heute hält, so auch deshalb, weil sie für kontroverse Positionen innerhalb der okz. Renaissancebewegung steht, konkret die des Félibrige und des I.E.O., auf die ich bereits eingegangen bin. Doch setzt sich heute die Bezeichnung *occitan* immer mehr durch.

Problematischer ist die von der Mehrheit der Sprecher selbst gewählte Sprachbezeichnung *patois* anstelle von *occitan. Patois* ist in Frankreich ein negativ besetzer Begriff und nicht mit dem im Deutschen weitgehend wertungsfreien Terminus *Dialekt* gleichzusetzen. Der Nouveau Petit Robert (Ausgabe 1993) definiert *patois* als *"Lokales Idiom bzw. Dialekt, verwendet von einer zahlenmäßig meist kleinen, oft ländlichen Bevölkerung, deren Kultur und Zivilisationsgrad geringeres Ansehen genießen als die ihrer Umgebung (die die allgemeine Umgangssprache verwendet)."*[4] Verantwortlich für die 'Patoisierung' des Okzitanischen ist dabei die soziale Zurückdrängung durch das Französische und die damit Hand in Hand gehende Beschädigung des Sprach- und Kulturbewußtseins der Sprecher. Dies hat zur Folge, daß es bis heute vielen vor allem älteren Sprechern schwerfällt, im *occitan*, das ihre Enkelkinder in der Schule lernen und von dem sie hören, das es Vehikel

[4] *"Parler local, dialecte employé par une population généralement peu nombreuse, souvent rurale et dont la culture, le niveau de civilisation sont jugés comme inférieurs à ceux du milieu environnant (qui emploie la langue commune)."*

einer reichen Kultur sei, und dem *patois*, das sie selber sprechen, eine und dieselbe Sprache zu sehen. Doch zumindest in der jüngeren Generation setzt sich neben der Bezeichnung *occitan* auch ein gestärktes Sprachbewußtsein mehr und mehr durch.

4) Sprecherzahlen und Kompetenzprofile

Die Frage nach der Zahl der Sprecher des Okzitanischen läßt sich nicht schlüssig beantworten, da es bisher keine umfassende Studie zu dieser Frage gibt und sich die wenigen Detailstudien, die vorliegen, kaum zu einem Gesamtbild zusammenfügen lassen. Allzu unterschiedlich oder ungenau ist oft die Definition von Sprachkompetenz. Entsprechend sind wir auf Schätzungen angewiesen. Diese reichen von 1-10 Mio. Sprecher. Eine genauere Bestimmung der Sprecherzahl ist nicht nur ein Definitionsproblem. Weitere, für dominierte Sprachen typische Schwierigkeiten kommen hinzu:

- Das Mißverhältnis zwischen Kompetenz und Performanz bzw. Sprachkenntnis und ihrer Aktivierung: aufgrund der schlechten sozialen Konnotierung des Okzitanischen neigen viele Sprecher dazu, ihre oft guten Okzitanischkenntnisse nicht anzuwenden und lieber Französisch zu sprechen.
- Das Problem der Sprachmischung: die lange gesellschaftliche Vorrangstellung des Französischen hat teilweise zu Franzisierungen in der Phonetik, der Morphologie und im Lexikon des Okzitanischen geführt; umgekehrt hat aber auch das Okzitanische Spuren im Französischen des Südens hinterlassen. Bei manchen Sprechern erreicht diese Mischung ein Ausmaß, das eine eindeutige Zuordnung ihrer Sprache unmöglich macht. Je nach Mischungsgrad wird dieses Phänomen als *francitan* oder als *français d'oc* bezeichnet (eine phonetische Erscheinung des letzteren ist der sog. *accent du Midi*).
- Ein weiteres Problem bei Befragungen zum Sprachverhalten ist, daß sich angesichts einer schlechten sozialen Konnotierung ihrer Sprache viele Okzitanischsprecher nicht als solche zu erkennen geben. So kann es passieren, daß man als Fremder den Süden Frankreichs durchquert, ohne auf ein Lebenszeichen des Okzitanischen zu stoßen.

In der zur Zeit aktuellsten, 1997 durchgeführten Sprecherbefragung in der Region Languedoc-Roussillon geben (von rund 1000 Befragten) 34% an, Okzitanisch zu verstehen, 20% können es nach eigenen Angaben sprechen und immerhin 5% sagen von sich, daß sie es häufig oder täglich sprechen. Hinzu kommen 12%, die Okzitanisch ohne Schwierigkeiten lesen und 6%, die es nach eigenen Angaben schreiben können. Diese Zahlen belegen, daß die passive Kompetenz deutlich größer ist als die aktive und Okzitanisch zwar immer noch eine vor allem orale Sprache ist, sich jedoch ein langsamer Zuwachs an schriftsprachlicher Kompetenz bemerkbar macht.

Getrübt wird die Freude über diese Zahlen durch einen sich beschleunigenden Schwund an Sprachkompetenz und -performanz in der Generationenfolge. Zudem machen Untersuchungen von Anfang der 1990er Jahre aus dem Couserans, einem Gebiet in den Pyrenäen, deutlich, daß auch in geographischen Rückzugsgebieten, in denen es lange Zeit weitgehend unbeschadet hat überleben können, das Okzitanische heute von der modernen, französisch dominierten Mediengesellschaft zunehmend dominiert wird.

Die Konsequenz für die okzitanische Sprachpolitik hieraus kann nur eine Offensive sein: nicht im bloßen Nischendasein, nicht in der Beschränkung auf ihren residuellen Charakter, sondern im Ausbau in Richtung einer modernen und urbanen Sprache und Kultur hat das Okzitanische eine Zukunft.

Der Kontrast zwischen ländlichem und urbanem Okzitanisch steht zugleich für eine wichtige Differenz im Kompetenzprofil der Sprecher, nämlich die zwischen sog. Primär- und Sekundärsprechern. Primärsprecher, sie stellen die deutlich größere Gruppe dar, rekrutieren sich vorwiegend aus der älteren Landbevölkerung, die das Okzitanische noch im Rahmen der natürlichen Sozialisation erworben hat, dabei in einer zumeist lokal geprägten Variante. Verfügt diese Gruppe über eine in der Regel hohe, wenn auch oral beschränkte Kompetenz, so ist sie andererseits oft mit einem defizitären Sprachbewußtsein belastet. Sekundärsprecher, zumeist sind es jugendliche Städter und Intellektuelle, erwerben demgegenüber das Okzitanische infolge einer persönlichen Wahl. Ihre in Unterricht und in Kursen erworbenen Sprachkenntnisse sind stärker referentiell, d.h. an einem gemeinsamen Standard orientiert, meist erwerben sie das Okzitanische zugleich in Wort *und* Schrift und verfügen über ein stabileres Sprachbewußtsein, dafür bleibt jedoch das erreichte Kompetenzniveau oft ungefestigt. Verfügen also beide Gruppen in gewisser Weise über komplementäre Ausstattungen und könnten sich zweifellos gegenseitig bereichern, so fällt es vor allem den Primärsprechern bisher schwer, sich mit ihrer Sprache auf neue Verwendungsbereiche und neue Textsorten einzulassen.

5) Kodifizierung/Graphiefrage

Damit sich eine Sprachgemeinschaft als solche begreift und entsprechend funktioniert, bedarf es der Existenz gemeinsamer sprachlicher Referenzformen, die nach außen die Abgrenzung gegen andere Sprachen ermöglichen und im Innern über Dialektgrenzen hinweg ein sprachliches Zusammengehörigkeitsgefühl schaffen. Während sich solche Formen in etablierten Kultursprachen über die öffentliche und amtssprachliche Verwendung, über Medien und Literatur herausbilden, sind sie in dominierten Sprachen viel schwieriger durchsetzbar. Dies gilt auch für das Okzitanische. Während es vom 12. bis 16. Jh. dank seiner Verwendung als Literatur- und Notariatssprache über anerkannte Referenzformen verfügt, verlieren sich diese in der Folge des Edikts von Villers-Cotterêts (s.o.). Erst um die Mitte des 19. Jahrhunderts starten neuerliche Versuche zur Formulierung einer gemeinsamen Norm, zunächst auf der Ebene der Graphie. An erster Stelle zu nennen ist hier der Félibrige, doch bleibt seinem vor allem über das Werk Mistrals verbreiteten Schriftsystem die erwünschte Anerkennung als gesamtokzitanischer Standard versagt. Dafür gibt es vor allem zwei Gründe: eine allzu schmale linguistische Basis (das unterrhonische Provenzalisch) sowie eine Graphie, die sich stark an französischen Vorbildern orientiert und einen deutlichen Bruch mit der historischen okz. Schriftsprache darstellt.

Die erfolgreichere Sprachreform, an der sich auch diese Einführung orientiert und für deren Entwicklung vor allem die Namen Joseph Roux, Antonin Perbosc, Prosper Estieu und Louis Alibert stehen, versteht sich von Anbeginn an als gesamtokzitanische. Ihr größerer Erfolg liegt darin begründet, daß sie auf wesentlich konsensuelleren Grundlagen aufgebaut ist. So ist ihre Graphie am mittelalterlichen Okzitanisch der Troubadoure orientiert und ermöglicht eine orthographische Integration der verschiedenen okzitanischen Dialekte. Ihre sprachliche Ausgangsform ist nicht wie beim Félibrige und Mistral der provenzalische, sondern der languedokische Dialekt, der das territoriale und, aufgrund seines relativen Konservatismus, auch das linguistische Zentrum des okzitanischen Sprachgebietes darstellt. Wichtig für die soziale Durchsetzung dieses Modells wird dessen Übernahme und Propagierung durch die Societat d'Estudis Occitans und das Institut d'Estudis Occitans, das sich um die Ausweitung der Sprachreform vom Languedokischen auf die anderen Dialekte des Okzitanischen verdient macht. Dabei ist wichtig festzuhalten, daß innerhalb des I.E.O. Konsens darüber besteht, die Einheit der Sprache unter Erhalt ihrer dialektalen Vielfalt anzustreben. Dieser scheinbare Widerspruch wird aufgelöst in einem offenen bzw. gestuften Normkonzept: neben gemeinsamen sprachlichen Referenzformen wie einem Alphabet für alle Sprecher des Okzitanischen soll es je eigene Normmodelle auf der Ebene der einzelnen Dialekte geben, die ihrerseits Toleranz gegenüber innerdialektaler Variation, etwa im lexikalischen Bereich, üben sollen.

Zwar gibt es bis heute regionale Widerstände gegen das Normmodell des I.E.O. (etwa in Provence, Béarn und Auvergne), doch setzt es sich zunehmend durch. Zur Hilfe kommt ihm dabei die neuere, sehr produktive okzitanische Literatur, die sich vor allem der I.E.O.-Graphie bedient und die ihre Attraktivität aus dem Umstand bezieht, daß sie sich nicht mehr auf ihre traditionell retrospektiven und ländlichen Sujets beschränkt, sondern sich verstärkt modernen Themen zuwendet. Dank wachsender Schriftkundigkeit der Okzitanischsprecher nimmt auch ihre Lesergemeinde beständig zu.

6) Aussprache und Betonung

Das okzitanische Alphabet umfaßt 23 Schriftzeichen:

a	[a]	i	[i]	r	['ɛɾɔ]
b	[be]	j	[dʒi]	s	['ɛsɔ]
c	[se]	l	['ɛllɔ]	t	[te]
d	[de]	m	['ɛmmɔ]	u	[y]
e	[e]	n	['ɛnnɔ]	v	[be]
f	['ɛfɔ]	o	[u]	x	['itsɔ]
g	[dʒe]	p	[pe]	z	[iz'ɛɗɔ]
h	['atʃɔ]	q	[ky]		

Die Grapheme k, w und y werden im Okzitanischen nicht benutzt.

Graphische Hilfssymbole

Die wichtigsten graphischen Hilfssymbole des Okzitanischen sind:

- *Akut* (´): er verweist auf eine geschlossene Aussprache der Vokale
  la sciéncia [lasi'ensjɔ] "die Wissenschaft"
- *Gravis* (`): er markiert die Öffnung der Vokale
  lo papièr [lupap'jɛ] "das Papier"
- *Trema* (ë,ï,ü): es kennzeichnet die zweisilbige Aussprache zweier aufeinanderfolgender Vokale
  la roïna [laru-'inɔ] "die Ruine"
- *Cedille* (unter dem c > ç): es markiert die Aussprache von <c> als [s] vor *a*, *o* und *u*:
  l'escasença, f. [leska'zensɔ] "die Gelegenheit"

Da das Okzitanische eine nur in Teilen phonetische Graphie besitzt, bedarf die richtige Aussprache des geschriebenen Wortes einer gewissen Übung. Zu deren Anleitung sollen die folgenden Ausführungen zur Aussprache der Vokale und Konsonanten, zur Betonung sowie zur Satzphonetik dienen.

Aussprache der Vokale

Schrift-zeichen	*Aus-sprache*	*Aussprachebesonderheiten* / *Beispiele*
a	[a]	im Wortanlaut und -inlaut offene Aussprache wie im deutschen Wort "Apfel" und "Hand":
		arribar [ari'ba] "ankommen"
		lo gat [lu'gat] "die Katze"
		im Auslaut nur zur Kennzeichnung des Femininum beim bestimmten Artikel la(s) und den Possessivpronomina ma(s), ta(s) und sa(s):
		la pòrta [la'pɔrtɔ] "die Tür"
		sa femna [sa'fennɔ] "seine Frau"
	[ɔ]	ansonsten im Auslaut offenes o (wie im deutschen Wort "Loch"):
		parla ['parlɔ] "er, sie, es spricht"
		dies gilt auch für Pluralformen:
		parlan ['parlɔn] "sie sprechen"
		las cambras [las'kambrɔs] "die Zimmer"

à	[a]	Aussprache als offenes a:		
		veiràs	[bei'ras]	"du wirst sehen"
á	[ɔ]	Aussprache als offenes o:		
		o sabiás	[usa'βiɔs]	"du wußtest es"
e	[e]	geschlossenes e wie im dt. Wort "Tee"; auch vor Nasalkonsonant bleibt es geschlossen:		
		vendre	['bendre]	"verkaufen"
		cercar	[ser'ka]	"suchen"
é	[e]	gleiche Aussprache wie <e>:		
		espés	[es'pes]	"dick, stark"
è	[ɛ]	offenes e wie im dt. Wort "Hecht":		
		venguèt	[ben'gɛt]	"er kam"
		la fèbre	[la'fɛbre]	"das Fieber"
i	[i]	Aussprache wie im Deutschen:		
		ric	[rik]	"reich"
		aquí	[a'ki]	"hier"
o	[u]	Tolosa	[tu'luzɔ]	"Toulouse"
ó	[u]	amistós	[amis'tus]	"freundschaftlich"
ò	[ɔ]	defòra	[de'fɔrɔ]	"draußen"
u	[y]	Aussprache als ü wie im dt. Wort "Süden":		
		segur	[se'gyr]	"sicher"
	[w]	im betonten Diphthong:		
		beure	['bewre]	"trinken"
		lo riu	[lu'riw]	"der Fluß"
		l'autre	['lawtre]	"der andere"
		ebenso im unbetonten Diphthong:		
		lo teulat	[lutew'lat]	"das Dach"
ü	[y]	nach Vokal im Hiat (mit Trema versehen):		
		diürne	[di'yrne]	"täglich"

Aussprache einzelner Konsonanten

c	[k]	vor a, o und u:		
		caumar	[kaw'ma]	"streiken"
		encusar	[eŋky'za]	"anklagen"
		im Auslaut (ohne Cedille):		
		pauruc	[paw'ryk]	"ängstlich"
		lo ròc	[lu'rɔk]	"der Felsen"
	[s]	stimmloses s (wie in "Gasse") vor e und i:		
		cercar	[ser'ka]	"suchen"
		nèci	['nɛsi]	"dumm, einfältig"
		vor a, o und u mit Cedille:		
		caçar	[ka'sa]	"jagen"
		la cançon	[lakan'su]	"das Lied"
		im Auslaut mit Cedille:		
		lo solaç	[lusu'las]	"die Erleichterung"
		velòç	[be'lɔs]	"pfeilschnell"
g	[dʒ]	vor e und i; Aussprache wie im engl. Wort "Gin":		
		roge	['rudʒe]	"rot"
		la fugida	[lafy'dʒidɔ]	"die Flucht"
	[tʃ]	im Auslaut nach Vokal; Aussprache wie im dt. Wort "rutschen":		
		freg	[fretʃ]	"frisch"
	[g]	in allen übrigen Positionen:		
		agradar	[agra'da]	"gefallen"
		lo gredon	[lugre'du]	"der Bleistift"
h	[h]	ersetzt im Gaskognischen häufig das languedokische f:		
		languedokisch:		
		lo filh	[lu'fil]	
		gaskognisch:		"der Sohn"
		lo hilh	[lu'hiʎ]	
j	[dʒ]	la dimenjada	[ladimen'dʒadɔ]	"das Wochenende"
m	[m]	am Anfang und innerhalb des Wortes:		
		mamar	[ma'ma]	"säugen, die Brust geben"

	[n]	im Auslaut:		
		parlam	[par'lan]	"wir sprechen"
		lo lum	[lu'lyn]	"das Licht"
n	[n]	am Anfang und innerhalb der Wortes:		
		venir	[be'ni]	"kommen"
		lo nas	[lu'nas]	"die Nase"
		im Auslaut bei Verben in der 3. Person Plural:		
		parlan	['parlɔn]	"sie sprechen"
		que parlen	[ke'parlen]	"sie mögen sprechen"
		legisson	[le'dʒisun]	"sie lesen"
	-	in den übrigen Auslautformen ist es verstummt:		
		la man	[la'ma]	"die Hand"
		dies gilt auch für Pluralformen:		
		las mans	[las'mas]	"die Hände"
		im Auslaut erhalten bleibt es nur in unbetonten Wörtern, wenn sich diese an ein betontes Wort anlehnen, so bei un "ein", ton "dein", son "sein", bon "gut" und plen "voll":		
		un òme	[yn'ɔme]	"ein Mann"
		bonjorn	[bun'dʒur]	"Guten Tag!"
qu	[k]	lo quasèrn	[luka'zɛr]	"das Heft"
		quequejar	[keke'dʒa]	"stottern"
r	[r]	wird als Zungenspitzen-r (apiko-alveolar) gesprochen:		
		vendre	['bendre]	"verkaufen"
		la pera	[la'perɔ]	"die Birne"
	-	im Auslaut bei Verben im Infinitiv hat es die Tendenz zu verstummen:		
		sentir	[sen'ti]	"fühlen"
		caler	[ka'le]	"müssen"
		dies gilt auch für einige Nomina:		
		la color	[laku'lu]	"die Farbe"
		las colors	[lasku'lus]	"die Farben"
s	[z]	in intervokalischer Stellung stimmhaftes s wie im Wort "Hose":		
		una ròsa	['ynɔ'rɔzɔ]	"eine Rose"
		avèm léser	[a'βɛn'leze]	"Wir haben Zeit"

	[s]	in allen übrigen Positionen ist es stimmlos:		
		pescar	[pes'ka]	"angeln, fischen"
		sabi pas	['sabi'pas]	"Ich weiß (es) nicht."
		d.h. auch intervokalisch bei graphischer Doppelkonsonanz:		
		la messa	[la'mesɔ]	"die Messe"
		passar	[pa'sa]	"vorbeigehen, -kommen"
v	[b]	im absoluten Anlaut wird es bilabial ausgesprochen:		
		venir	[be'ni]	"kommen"
	[β]	im relativen Anlaut wird es aspiriert:		
		la vila	[la'βilɔ]	"die Stadt"
		aver	[a'βe]	"haben"

Aussprache einzelner Konsonantengruppen

ch	[tʃ]	pichon	[pi'tʃu]	"klein"
		charrar	[tʃa'ra]	"plaudern"
lh	[ʎ]	la meravilha	[lamera'βiʎɔ]	"das Wunder"
	[l]	im Auslaut:		
		lo solelh	[lusu'lel]	"die Sonne"
ll	[ll]	lo dròlle	[lu'drɔlle]	"der Junge"
		mon collèga	['muŋkul'lɛgɔ]	"mein Kollege"
nh	[ɲ]	am Wortanfang und innerhalb des Wortes Aussprache wie im Wort "Kampagne":		
		la castanha	[lakas'taɲɔ]	"die Kastanie"
		la nhòca	[la'ɲɔkɔ]	"die Beule"
	[n]	im Auslaut:		
		luènh	['lyɛn]	"weit"
tl **tm** **gn, mn, tn** **bt**		in diesen Konsonantengruppen findet eine Assimilierung des ersten an den zweiten Konsonanten statt, wodurch dieser gelängt wird:		
		l'espatla (f.)	[les'pallɔ]	"die Schulter"
		la setmana	[lasem'manɔ]	"die Woche"
		lo signe	[lu'sinne]	"das Zeichen"
		la femna	[la'fennɔ]	"die Frau"
		reguitnar	[regin'na]	"sich aufrichten"
		lo dissabte	[ludi'satte]	"der Samstag"

Wo in der Schriftsprache zwei Konsonanten hintereinander im Auslaut stehen, wird in der umgangssprachlichen Praxis zumeist nur der erste ausgesprochen:

lo jorn	[lu'dʒur]	"der Tag"
lo parent	[lupa'ren]	"der Verwandte"

Bei Wörtern wie jorn kann, was jedoch insgesamt seltener vorkommt, auch der zweite statt des ersten Konsonanten ausgesprochen werden, also ['dʒun].

Immer ausgesprochen wird das Plural-s, also auch in der Kombination mit einem zweiten Konsonanten (einzige Ausnahme s.u. Satzphonetik):

los jorns	[luz'dʒurs]	"die Tage"
los parents	[luspa'rens]	"die Verwandten"

Wo das -s diese morphologische Funktion nicht hat, kann es verstummen:

dins la pòcha	[dinla'pɔtʃɔ]	"in der Tasche "

Wortzakzent

Im Okzitanischen liegt der Wortakzent auf der vorletzten oder auf der letzten Silbe. Die Regel für seine Verteilung ist die folgende:

- Bei Wörtern ohne graphischen Akzent, die auf Vokal oder auf Vokal+s enden, liegt er auf der vorletzten Silbe (Pänultima):

camba	['kam-bɔ]	"Bein"
fraire	['frai-re]	"Bruder"
aurelhas	[au-'re-ʎɔs]	"Ohren"

- Bei Wörtern, die auf Konsonant (außer -s) oder auf Diphthong enden, liegt er auf der letzten Silbe (Ultima):

mercat	[mer-'kat]	"Markt"
licèu	[li-'sɛu]	"Gymnasium"

- Dort, wo die Betonung von diesen Regeln abweicht, wird dies durch graphischen Akzent, entweder den Akut (´) oder den Gravis (`), angezeigt:

créisser	['krej-se]	"wachsen"
espés	[es-'pes]	"dick"
parlarà	[parla-'ra]	"er, sie es wird sprechen"

Grundsätzlich gilt, daß dort, wo ein graphischer Akzent erscheint, immer auch der Wortakzent liegt.

Satzphonetik

Die bisherigen Ausführungen beziehen sich weitgehend auf das einzelne Wort. In größeren syntaktischen Zusammenhängen ergeben sich einige Veränderungen in der Aussprache. In der Regel handelt es sich dabei um Assimilationsphänomene.

- auslautendes -k, -p, -ks, -ps, -ts und -tʃ werden vor folgendem s und j zu t:

jòc [dʒɔk] "Spiel" → jòc sabent ['dʒɔtsa'ben] "geistreiches Spiel"
avètz [a'βɛts] "ihr habt" → avètz jogat [a'βɛtdʒu'gat] "ihr habt gespielt"

- vor den übrigen Konsonanten werden sie assimiliert:

lo garric [luga'rik] "die Eiche" → lo garric vièlh [luga'rib:'jɛl] "die alte Eiche"
mièg [mjɛtʃ] "halb" → mièg nud ['mjɛn':yt] "halb nackt"

- die auslautenden Konsonantengruppen -rk, -rp, -rt, -rs, -rks und -rts werden vor folgendem m und n zu r reduziert, ebenso wie auslautendes -ls zu l:

cort [kurt] "kurz" → un cort moment [yn'kurmu'men] "ein kurzer Moment"
pels [pels] "Haare" → pels negres [pel'negres] "schwarze Haare"

- auslautendes -m und -n und die Konsonantengruppen -ms, -ns, -nk, -mp, -nt, -nks, -nts und -mps werden vor nachfolgendem Konsonant zu n:
los camps [lus'kans] "die Felder" → los camps de trufa [lus'kande'tryfɔ] "die Kartoffelfelder"

- vor (labialem) b und p wird (nasales) n zu (ebenfalls labialem) m:

un [yn] "ein" → un pan [ym'pa] "ein Brot"
un vin [ym'bi] "ein Wein"
en [en] "in" → soi en vacanças ['sujemba'kansɔs] "ich habe Ferien"

- stimmloses -s, -tʃ, -is und -ts werden im Auslaut vor folgendem Vokal stimmhaft, also zu -z, -dʒ, -iz und -dz sonorisiert:

las [las] "die" → las oras [laz'urɔs] "die Stunden"

1. Lektion

1.1. Text: *Marcel e Felip*[5]

Marcèl: Adieu Felip! Fa bèl brieu que t'ai pas vist.
Felip: Tè! Lo Marcèl. Adieu! Que fas a Rodés? Sès en vacanças?
Marcèl: Que non, miladieus! Te trufas de ieu? Soi vengut per la fièra de bestias que i a cada primièr dissabte del mes.- E tu, trabalhas totjorn dins ton licèu?
Felip: Òc. Mas diga, as pas enveja de beure un còp al cafè? Cresi que se charra melhor ambe un gòt dins las mans.

Marcèl: Va plan!
(im Café...)
Felip: Que vòls?
Marcèl: Un pastís.
Felip: Garçon, dos pastisses ambe d'olivas, per plaser!
Garçon: Sul còp!
Felip: Alavetz, t'agradas dins ta bòria solitària sul Larzac?

(Zeichnungen: Uwe Gräbner)

Marcèl: Fòrça. Ai tota la familha ambe ieu e un fum de fedas.
Felip: Quantas n'as de fedas amondaut?
Marcèl: Cada an n'i a mai. A l'ora d'ara avèm 504. E francament comenci a n'aver un sadol de mólzer tant. Benlèu l'an que ven ne vau vendre la mitat e crompar de vacas. Las vòls pas tu mas fedas?
Felip: Ha ha ha.
Marcèl: E tu, te sès pas jamai planhut d'aver quitat la campanha?
Felip: Gaire. L'ensenhament m'a totjorn pivelat. E mai i doni de leiçons d'occitan a l'escòla.
Marcèl: M'an contat d'aquò. Mas benlèu es pas lo nòstre patés.
Felip: T'asseguri qu'als escolans parli coma ambe tu.
Marcèl: Vietdase! Lo papeta creiriá pas. El que me contava qu'èran castigats pel regent quand parlavan occitan pendent las classas. Naturalament lo parlavan qu'èra lor lenga mairala.
Felip: Çaquelà uèi per salvar l'occitan coma lenga viva cal mai que qualques oras a l'escòla. Cal una sostenença politica.
Marcèl: Paure, la politica, me n'ocupi pas ... e, cossí que siá, me'n cal tornar. Miègjorn picarà lèu e m'espèran a l'ostal per dinnar. Alavetz adieu, plan mercés pel pastís e se vòls, vèni un jorn a cò nòstre.
Felip: Ambe plaser. Adieu Marcèl... Garçon, quant vos devi?

---

[5] Aussprache und Übersetzung des Lektionstextes im Anhang.

1.2. Vokabeln

fa bèl brieu	es ist lange her
aver	haben
veire	sehen
tè!	schau an!
far/faire	tun, machen
las vacanças	die Ferien
èsser/èstre	sein
miladieus!	(Ausruf der Unzufriedenheit)
se trufar de	sich lustig machen über
ieu	ich
venir	kommen
soi vengut/-uda	ich bin gekommen
la fièra	der Markttag
la bèstia	das Vieh
cada	jeder, jede, jedes
primièr, -ièra	der/die erste
lo dissabte	der Samstag
trabalhar	arbeiten
totjorn	immer (noch), stets
dins	in
lo licèu	das Gymnasium
aver enveja de	Lust haben zu
beure un còp	einen Schluck trinken
charrar	plaudern
lo gòt	das Glas
per plaser!	bitte!
sul còp!	sofort!
agradar	gefallen
la bòria	der Bauernhof
solitàri, -ària	einsam
Larzac	Hochplateau im Süden Frankreichs
fòrça	sehr
la familha	die Familie
un fum de	eine Menge (von)
la feda	das Schaf
quant(e,a)s	wie viele?
amondaut	dort oben
l'an, m.	das Jahr
a l'ora d'ara	im Moment, derzeit
francament	frei heraus, ehrlich gesagt
començar	beginnen, anfangen
n'aver un sadol	die Nase voll haben
tan	soviel, sosehr
mólzer	melken
benlèu	vielleicht
l'an que ven	im nächsten Jahr
vendre	verkaufen
la mitat	die Hälfte
crompar	kaufen
la vaca	die Kuh
demandar	fragen, verlangen
mens de	weniger
lo suènh	die Pflege
voler	wollen
jamai	niemals
se plànher de	bereuen
quitar	verlassen
la campanha	das Land(leben)
gaire	kaum
l'ensenhament, m.	das Schulwesen
pivelar	begeistern, faszinieren
e mai	und auch, außerdem
donar	geben
la leiçon d'occitan	die Okzitanischstunde, der Okzitanischunterricht
contar	erzählen
aquò	dieses, das
mas	aber
lo patés	die Mundart (oft abwertend)
assegurar	versichern
l'escolan, m.	der Schüler
coma	so wie, als
ambe	mit

vietdase!	Donnerwetter!	me n'ocupi pas	damit beschäftige ich mich nicht, das geht mich nichts an
lo papeta	der Großvater	cossí que siá	wie dem auch sei
castigar	bestrafen	tornar	drehen, wenden, hier: heimgehen
lo regent	der Grundschullehrer	lo mièjorn	der Mittag
pendent	während	picar	klopfen, läuten
la lenga	die Sprache	lèu	bald
la lenga mairala	die Muttersprache	esperar	(er)warten
çaquelà	trotzdem, gleichwohl	l'ostal, m.	das Haus
salvar	retten	dinnar	zu Mittag essen
viu, viva	lebendig	alavetz	also
caler	bedürfen, müssen	plan mercés!	vielen Dank!
mai	mehr	lo pastís	der Pastis (Aperitif)
la sostenença	die Unterstützung	lo jorn	der Tag
paure	arm (Adj.), Du Armer! (Subst.)	a cò nòstre	zu uns
ocupar	in Besitz nehmen, einnehmen, beschäftigen	ambe plaser	mit Vergnügen
		dever	müssen, schulden

1.3. Grammatik (la gramatica)

1.3.1. Der Artikel (l'article)

Der **bestimmte Artikel** (l'article definit) lautet wie folgt:

	Singular	Plural
maskulinum	lo	los
femininum	la	las

Vor anlautendem Vokal werden lo und la elidiert.
Bsp.:

l'ostal, m.	"das Haus" (s. Text)
l'enfança, f.	"die Kindheit"

Vor maskulinen Substantiven kommt es zwischen dem bestimmten Artikel und diversen Präpositionen zur Kontraktion (ausgenommen sind vokalisch anlautende maskuline Substantive im Singular sowie alle femininen Nomina).
Bsp.:

	Sg.:	Pl.:	Beispiel:	
a + lo	al	als	al cafè, als escolans	(s. Text)
de + lo	del	dels	Ai somiat del trabalh.	"Ich habe von der Arbeit geträumt."

per + lo	pel	pels	Marchi pels camps.	"Ich gehe über die Felder."
sus + lo	sul	suls	sul Larzac, sul còp	(s. Text)

Bezeichnet der bestimmte Artikel etwas Bekanntes, so verweist der **unbestimmte Artikel** (l'article indefinit) auf etwas Neues, bisher nicht näher Bestimmtes. Seine Formen sind die folgenden:

	Sg.	Pl.
mask.	un	de, un(e)s
fem.	una	de, unas

Der Plural des unbestimmten Artikels lautet in der Regel de. Un(e)s/unas wird vor allem dort verwendet, wo das Substantiv an sich schon einen Plural darstellt sowie zur Bezeichnung von Objekten, die als gleich gelten.
Bsp.:

Cerqui unas tenalhas.	"Ich suche eine Zange."
As unes uèlhs fòrça blaus.	"Du hast sehr blaue Augen."

Eine eigene Form des Teilungsartikels kennt das Okzitanische nicht. Der Partitiv (dem im Deutschen ein Nullartikel und im Französischen de + best. Art. entspricht) wird mit Hilfe des präpositionalen de ausgedrückt.

Okzitanisch: Crompi de vin, de cebas etc.
Französisch: J'achète du vin, des oignons etc.
Deutsch: Ich kaufe Wein, Zwiebeln etc.

1.3.1.1. Eigennamen

Ein Spezifikum des bestimmten Artikels im Okzitanischen ist, daß seine Verwendung bei Länder-, Fluß- und Bergnamen, bei der Bezeichnung von Winden sowie Festtagen (meist) unterbleibt, er hingegen bei Eigennamen gewöhnlich gebraucht wird. Bsp.:

França a perdut lo match de fotbòl contra Itàlia.	"Frankreich hat das Fußballspiel gegen Italien verloren."
Plòu sus Ventor.	"Es regnet auf dem Mont Ventoux."
Mistral bufa a desrabar la coa dels ases.	"Der Mistral stürmt gewaltig./ wörtlich: ... daß den Eseln der Schwanz fortgeweht wird."
Per Nadal aurem los parents ambe nosautres.	"Zu Weihnachten haben wir die Eltern bei uns."

aber:

Aquí lo Pèire qu'arriba.	"Da kommt Peter."

1.3.1.2. Anrede

In der Anrede hat die Verwendung des bestimmten Artikels einen emphatischen Sinn:

Aquò's ieu, los enfants. "Ich bin es, Kinder."

Zugleich erinnert sie uns an die demonstrative Funktion seines lateinischen Ursprungswortes (*lo*, *los* hat sich aus lat. ILLUM, ILLOS entwickelt, *la*, *las* aus lat. ILLA, ILLAS).

Da es gestattet ist, Briefsendungen innerhalb und nach Okzitanien mit okzitanischsprachiger Anschrift zu versehen (wie die Erfahrungen des Autors zeigen, werden sie von der Post auch tatsächlich befördert), hier für den evtl. Eigenbedarf (a) eine Auswahl gebräuchlicher Vornamen sowie (b) die Namen der größten Städte Okzitaniens (in Klammern jeweils die frz. Form):

a) Adrian,-a (Adrian), Albèrt (Albert), Alfrèd (Alfred), Andrieu (Andreas), Anna (Anna), Antòni (Anton), Antonieta (Antoinette), Artus (Arthur), Audeta (Odette), Bernat (Bernhard), Bertrand (Bertram), Brigida (Brigitte), Carles (Karl), Carlòta (Karla), Clamenç (Klemens), Clàudia/Claudi (Claudia/Claudius), Colrat (Konrad), Cristòl (Christoph), Danis,-a (Denis,-e), Daidièr (Didier), Elena (Helene), Enric (Heinrich), Estève (Stephan), Esteveneta (Stephanie), Felip (Philipp), Ferran (Ferdinand), Francés,-a (Franz, Franziska), Gregòri (Gregor), Gustau (Gustav), Jaume (Jakob), Jaumeta (Jacqueline), Jiròni (Hieronymus), Joan (Jean), Jordeta (Georgette), Jòrdi (Georg), Laurenç (Lorenz), Loís,-a (Ludwig, Luise), Magalí/Kurzform von Margarida (Margarethe), Miquèl (Michael), Mirèlha (Mireille), Pau,-la (Paul,-a), Pèire (Peter), Romièg (Remy), Renat (René), Sèrgi (Sergius), Terèsa (Therese).

b) Ais (Aix-en-Provence), Albi (Albi), Arle (Arles), Avinhon (Avignon), Besièrs (Béziers), Bordèu (Bordeaux), Canas (Cannes), Cáurs (Cahors), Clarmont d'Auvèrnha (Clermont-Ferrand), Frontinhan (Frontignan), Lemòtges (Limoges), Marselha (Marseille), Montalban (Montauban), Montpelhièr (Montpellier), Narbona (Narbonne), Nimes (Nîmes), Orlhac (Aurillac), Pau (Pau), Peireguèrs (Périgueux), Rodés (Rodez), Seta (Sète), Tarba (Tarbes), Tolon (Toulon), Tolosa (Toulouse), Viana (Vienne/Rhone vs. Viena/Vienne/Wien).

In Ergänzung c) die Namen einiger okzitanischer Landschaften sowie (d) die Kontinents- und eine kleine Auswahl von europäischen Staatsnamen:

c) Auvernha (Auvergne), Camarga (Camargue), Gasconha (Gaskogne), Landas (Landes), Lemosin (Limousin), Lengadòc (Languedoc), Massis Septentrional (Zentralmassiv), Occitània, (los) Pirenèus (Pyrenäen), Provença (Provence);

d) Africa, America, Austràlia, Asia, Euròpa; Alemanha, Anglatèrra, Austria, Belgica, Danemarc, Espanha, França, Itàlia, Monegue (Monaco), Ongria (Ungarn), Polónia, Portugal, Romània, Rússia, Suïssa.

1.3.2. Substantive (los substantius)

In der Regel sind die auf -a auslautenden Substantive feminin, während es für die maskulinen keine eindeutige Kennzeichnung gibt.

Manche Nomina können das Genus nach Bedarf wechseln.
Bsp.:

un artista, una artista	"ein Künstler, eine Künstlerin"

Andere haben dasselbe Genus und hängen das Adjektiv feme (weiblich) oder mascle (männlich) an. Dies gilt besonders für Tierbezeichnungen.
Bsp.:

un rossinhòl feme	"eine weibliche Nachtigall"
un rossinhòl mascle	"eine männliche Nachtigall"

Häufig erfolgt die Bildung femininer Substantive durch Anhängen eines -a an die maskuline Form.
Bsp.:

lo nòvi, la nòvia	"der Verlobte, die Verlobte"
l'estudiant, l'estudianta	"der Student, die Studentin"

Bei diesem Prozeß kann der im Maskulinum stimmlose Auslautkonsonant stimmhaft werden.
Bsp.:

l'amic, l'amiga	"der Freund, die Freundin"
lo lop, la loba	"der Wolf, die Wölfin"

In einer weiteren Bildungsvariante wird auslautendes -e durch -a ersetzt.
Bsp.:

lo mèstre, la mèstra	"der Lehrer/Meister, die Lehrerin/Meisterin"
lo sartre, la sartra	"der Schneider, die Schneiderin"

Bei zahlreichen Substantiven, die in Formen beiderlei Geschlechts existieren, hat die feminine Form einen augmentativen bzw. kollektiven Sinn.
Bsp.:

augmentativ:	un topin	"kleiner Topf mit seitlichem Griff"
	una topina	"großer Topf mit zwei Henkeln"
kollektiv:	lo fuèlh	"das Blatt"
	la fuèlha	"das Laubwerk"

Die **Pluralbildung der Substantive** (lo plural dels substantius):
Die Pluralbildung erfolgt im allgemeinen durch das Anhängen von -s an die Singularformen.

Bsp.:

lo tap - los taps "Stöpsel, Korken"
l'òme - los òmes "Menschen, Männer"
la color - las colors "Farben"
la femna - las femnas "Frauen"

Substantive, die auf -s, -ç, -is, -ch, -g, -sc, -st oder -xt enden, bilden den Plural durch Anhängen von -es.

Bsp.:

lo gos - los gosses "Hunde"
lo braç - los braces "Arme"
lo nis - los nisses "Vogelnester"
la nuèch - las nuèches "Nächte"
lo puèg - los puèges "Hügel, Berge"
lo bòsc - los bòsques "Hölzer, Wälder"
lo trast - los trastes "ausrangierte Sachen"
lo tèxt - los tèxtes "Texte"

Substantive, die im Singular auf -tz enden, bilden den Plural auf -ses.

Bsp.:

la crotz - las croses "Kreuze"

1.3.3. Adjektiv (l'adjectiu)

Das Femininum und der Plural der Adjektive wird nach dem gleichen Schema wie bei den Substantiven gebildet.

Bsp.:

clar(s), clara(s) "klar(e)"
grand(s), granda(s) "groß(e)"
fresc(es), fresca(s) "frisch(e)"
negre(s), negra(s) "schwarz(e)"
polit(s), polida(s) "hübsch(e), schön(e)"
roge(s), roja(s) "rot(e)"
pesuc(s), pesuga(s) "schwergewichtig(e)"

Die **Stellung des Adjektivs** (la posicion de l'adjectiu):
Meist steht das Adjektiv, unabhängig von seiner Länge, nach dem Substantiv.

Bsp.:

un vin vièlh "ein alter Wein"
una matinada meravilhosa "ein wunderbarer Morgen"

Vor allem einsilbige Adjektive können jedoch auch vor dem Nomen stehen.

Bsp.:

un bon plat	"ein gutes Essen"
plan mercés	"vielen Dank"

Mitunter läßt sich durch Vor- bzw. Nachstellung zugleich die Bedeutung des Adjektivs verändern.

Bsp.:

Es un paure gojat.	"Er ist ein bemitleidenswerter Junge."
Es un tipe paure.	"Er ist ein armer/mittelloser Kerl."

1.3.4. Die Possessivbegleiter (los acompanhaires possessius)

Die okzitanischen Possessivbegleiter können adjektivisch und pronominal verwendet werden. Nur adjektivisch verwendbar sind die unbetonten Possessivpronomen. Sie stehen vor dem Substantiv:

Singular		Plural	
mask.	fem.	mask.	fem.
mon	ma	mos	mas
ton	ta	tos	tas
son	sa	sos	sas
nòstre	nòstra	nòstres	nòstras
vòstre	vòstra	vòstres	vòstras
lor		lors	

Vor vokalisch anlautenden femininen Substantiven wird wie im Französischen die maskuline Form der Possessivbegleiter verwendet.

Bsp.:

Soi ton amiga.	"Ich bin deine Freundin."

Die betonten Possessiva haben folgende Formen:

Singular		Plural	
mask.	fem.	mask.	fem.
mieu	mieuna/miá	mieus	mieunas/miás
tieu	tieuna/tiá	tieus	tieunas/tiás
sieu	sieuna/siá	sieus	sieunas/siás
nòstre	nòstra	nòstres	nòstras
vòstre	vòstra	vòstres	vòstras
lor		lors	

Betonte Possessivbegleiter treten in der Regel zusammen mit dem bestimmten Artikel auf. Sie geben der Aussage Nachdruck und können adjektivisch und pronominal gebraucht werden.

Bsp.:

Ont es la mieuna veitura?	"Wo ist mein Auto?" (adjektivisch)
Aquela veitura es la mieuna.	"Das Auto dort ist meines." (pronominal)

1.3.5. Die Demonstrativadjektive (los adjectius demostratius)

Mask. Sg.+Pl.:	Fem. Sg.+Pl.:
aiceste(s)	aicesta(s)
aqueste(s)	aquesta(s)
aquel(e)(s)	aquela(s)

Während aiceste/aicesta und aqueste/aquesta Nähe zum Sprecher/1. Person ("dieser/diese hier") und zum Angesprochenen/2. Person ("dieser/diese da") ausdrücken, bezeichnet aquel/aquela entsprechende Ferne bzw. Distanz/3. Person ("jener/jene dort").

Bsp.:

Per arribar a aquel musèu, seguètz aquesta carrièra cap a la catedrala e puèi viratz a esquèrra!	"Um zu jenem Museum zu gelangen, folgen Sie dieser Straße bis zur Kathedrale und biegen dann links ab!"

1.3.6. Verb (lo vèrbe)

1.3.6.1. Indikativ Präsens (lo present de l'indicatiu)

Er bezeichnet im Okzitanischen wie im Deutschen ein parallel zur Sprechzeit verlaufendes Geschehen, Gewohnheiten sowie allgemeine Feststellungen.

Die regelmäßig gebeugten Verben werden in drei Konjugationsklassen eingeteilt, solche mit dem Infinitiv auf -ar (1. Gruppe), dem auf -ir (2. Gruppe) und dem auf -re bzw. -er (3. Gruppe). Bei den Verben mit dem Infinitiv auf -ir (2. Gruppe) gibt es eine Mehrheit, die mittels sog. Stammerweiterung (Typ legir: legissi/legiguèri/legisca/legit) konjugiert wird, und eine geringe Anzahl gleichwohl vielbenutzter Verben (Typ sentir), die nach dem Muster der dritten Gruppe flektieren.

		1. Gruppe	2. Gruppe		3. Gruppe
		*trabalh**ar***	*leg**ir***	*sent**ir***	*bat**re***
Personalpron. (fakultativ)		"arbeiten"	"lesen"	"fühlen"	"schlagen"
(ich)	ieu	trabalhi	legissi	senti	bati
(du)	tu	trabalhas	legisses	sentes	bates
(er, sie, es)	el/m., ela/f.	trabalha	legís	sent	bat
(wir)	nosautres	trabalham	legissèm	sentèm	batèm
(ihr)	vosautres	trabalhatz	legissètz	sentètz	batètz
(sie)	eles/m., elas/f.	trabalhan	legisson	senton	baton

Da die okz. Verbbeugung nahe an den lateinischen Ausgangsformen verblieben ist, also noch eine klare Identifizierung der Personalform ermöglicht, wird die Verwendung des Personalpronomens fakultativ und unterbleibt in der Regel.
Bsp. (aus dem Text):

Soi vengut per la fièra.
Sès en vacanças?

Wo das Personalpronomen verwendet wird, dient es vor allem zur Betonung.
Bsp.:

Ieu compreni pas çò que vòls.	"Was mich betrifft, so verstehe ich nicht, was du willst."
Vos, l'òme, podètz partir!	"Sie, Mann, gehen Sie!"

Auch dient es zur Vermeidung von Mißverständnissen.
Bsp.:

El plora, mentre qu'ela ritz.	"Er weint, während sie lacht."

Die **okzitanischen Reflexivpronomen** sind me, te, se, nos, vos und se und werden vor nachfolgendem Vokal elidiert.
Bsp.:

Me disi Pèire, e tu, cossí te dises?	"Ich heiße Peter und wie heißt du?"
T'agradas dins la bòria solitària sul Larzac?	(s. Text)

Neben der regelmäßigen Bildung gibt es eine ganze Reihe von unregelmäßigen Verben. Einige besonders wichtige werden wie folgt konjugiert:

aver	*èsser/èstre*	*far*	*anar*	*dire*	*venir*	*creire*	*voler*
"haben"	"sein"	"tun"	"gehen"	"sagen"	"kommen"	"glauben"	"wollen"
ai	soi	fau	vau	disi	veni	cresi	vòli
as	ès/sès	fas	vas	dises	venes	creses	vòls
a	es	fa	va	ditz	ven	crei	vòl
avèm	sèm	fasèm	anam	disèm	venèm	cresèm	volèm
avètz	sètz	fasètz	anatz	disètz	venètz	cresètz	volètz
an	son	fan	van	dison	venon	creson	vòlon

1.3.6.2. Indikativ Perfekt (passat compausat de l'indicatiu)

Zusammen mit dem imperfach (Imperfekt) und dem preterit (historisches Perfekt) - beide werden in Lektion II behandelt - gehört das passat compausat (Perfekt) zu den wichtigsten Tempora der Vergangenheit. Während jedoch das preterit ein Tempus des Berichtes bzw. der Erzählung ist, gehört das passat compausat in den Bereich der Rede und steht dabei in Bezug zur Gegenwart. Konkret bezeichnet es ein vergangenes Geschehen, dessen Wirkung bis in die Gegenwart hineinreicht.

Bsp.:

Ai acabat de tubar fa quatre ans.	"Vor vier Jahre habe ich aufgehört zu rauchen."
Fa bèl brieu que t'ai pas vist.	(s. Text)
Aqueste matin an liurada la mercandariá novèla.	"Heute morgen haben sie die neue Ware geliefert."

Gebildet wird das Perfekt mit den gebeugten Formen der Hilfsverben aver und èsser/èstre + Partizip Perfekt (participi passat). Bei regelmäßiger Bildung lautet das Partizip Perfekt für die drei Verbgruppen wie folgt:

1. Gruppe (Infinitiv auf -ar):	-at, -ada
2. Gruppe (Infinitiv auf -ir):	-it, -ida
3. Gruppe (Infinitiv auf -re/-er):	-ut, -uda

1. Gruppe	2. Gruppe		3. Gruppe
*trabalh**ar***	*leg**ir***	*sent**ir***	*bat**re***
ai trabalhat	ai legit	ai sentit	ai batut
as trabalhat	as legit	as sentit	as batut
a trabalhat	a legit	a sentit	a batut
avèm trabalhat	avèm legit	avèm sentit	avèm batut
avètz trabalhat	avètz legit	avètz sentit	avètz batut
an trabalhat	an legit	an sentit	an batut

Die große Mehrheit der Verben bildet das Perfekt mit dem Hilfsverb aver. Die Bildung mit dem Hilfsverb èsser/èstre beschränkt sich auf folgende Gruppen:

a) reflexiv gebrauchte Verben:

Robèrt s'es sentit un pauc flac.	"Robert hat sich ein bißchen schwach gefühlt."

b) Verben der Bewegungsrichtung, konkret die Wortfelder venir "kommen" und anar "gehen" mit arribar "ankommen", davalar "heruntergehen, absteigen", dintrar "hineingehen, eintreten", montar "hinaufsteigen", partir "fortgehen", pujar "hinaufklettern", sortir "herausgehen, fortgehen" und tornar "wenden, zurückkehren"; hinzu kommen nàisser "geboren werden" und morir "sterben"

Bsp.:

Quora es partida?	"Wann ist sie gegangen?"

espelir "schlüpfen" sowie caire und tombar "fallen" können das Perfekt mit beiden Hilfsverben bilden.

c) alle Verben im Passiv:

Lo sénher Alauzet es fòrça estimat pels vesins.	"Herr Alauzet wird von den Nachbarn sehr geschätzt."
Las castanhas son amassadas pels dròlles.	"Die Kastanien werden von den Kindern aufgelesen."

Beide Hilfsverben bilden das Perfekt mit sich selbst (anders als im Französischen, wo beide mit *avoir* gebildet werden):

aver:	ai agut, as agut, a agut, avèm agut, avètz agut, an agut;
èsser/èstre:	soi estat, ès estat, es estat, sèm estats, sètz estats, son estats.

Im folgenden das Partizip einiger frequenter unregelmäßiger Verben (von denen gleichwohl einige regelmäßige Partizipien bilden):

anar (gehen)	anat, -ada	estar (sich befinden)	estat, -ada
beure (trinken)	begut, -uda	far (machen)	fait/fach, faita/facha
caire (fallen)	casut/casegut, -uda	nàisser (geboren werden)	nascut, -uda
caler (müssen)	calgut, -uda	partir (fortgehen)	partit, -ida
claure (schließen)	claus, -a	plòure (regnen)	plogut, -uda
còire (kochen)	cuèch/cuèit, cuècha/cuèita	poder (können)	pogut, -uda
conéisser (kennen)	conegut, -uda	prendre (nehmen)	pres, -a
córrer (laufen)	corrut/corregut, -uda	rire (lachen)	rigut, -uda
		saber (wissen)	sabut, -uda
creire (glauben)	cregut, -uda	téner (halten, haben)	tengut, -uda
créisser (wachsen)	cresegut, -uda	traire (ziehen)	trach, -a
crénher (fürchten)	crent/crengut, crenta/crenguda	valer (wert sein)	valgut, -uda
		veire (sehen)	vist, -a
donar (geben)	donat, -ada	venir (kommen)	vengut, -uda
deure (müssen)	degut, -uda	viure (leben)	viscut, -uda
dire (sagen)	dich, -a	voler (wollen)	volgut, -uda
escriure (schreiben)	escrich, -a		

Bei folgenden ansonsten regelmäßigen Verben ist nur das Partizip unregelmäßig:

cobrir (decken, zudecken)	cobèrt, -a
dobrir (öffnen)	dobèrt, -a
metre (setzen, stellen, legen)	mes, -a
morir (sterben)	mòrt, -a
ofrir (anbieten)	ofèrt, -a
sofrir (leiden)	sofèrt, -a

Das okzitanische Partizip Perfekt hat grundsätzlich die Tendenz zur Anpassung. Dabei gelten folgende beiden Hauptregeln:

a) Bei der Bildung mit dem Hilfsverb èsser/èstre richtet sich das Partizip in Genus und Numerus nach dem grammatischen Subjekt.
Bsp.:

Las dròllas se son agradadas a la mar.	"Den Mädchen hat es am Meer gefallen."
Jaumeta es sortida.	"Jacqueline ist ausgegangen."
Ont sètz estats?	"Wo seid ihr gewesen?"

b) Bei transitiv gebrauchten Verben richtet sich das Partizip in Genus und Numerus nach dem direkten Objekt, unabhängig davon, ob dieses vor oder hinter dem Partizip steht (hier besteht ein deutlicher Unterschied zum Französischen).
Bsp.:

Ai venduda la veitura.	"Ich habe mein Auto verkauft."
Las cançons qu'as cantadas son de Schubert, vertat?	"Die Lieder, die du gesungen hast, sind von Schubert, nicht wahr?"

Wo das Partizip nicht an das direkte Objekt angeglichen wird, soll die Handlung besonders hervorgehoben werden.
Bsp.:

Te farai manjar de camparòls qu'ai amassat.	"Ich werde dir Steinpilze servieren, die ich gesammelt habe [und nicht etwa gekauft]."

1.3.6.3. Verneinung (la negacion)

Die Verneinung wird durch das Negationspartikel pas ausgedrückt, das stets direkt hinter dem (Hilfs-)Verb steht. Beispiele (aus dem Text):

As pas enveja de beure un còp al cafè?
Fa bèl brieu que t'ai pas vist.
Benlèu es pas lo nòstre patés.

Die alte Verneinung non kommt nur mehr alleinstehend oder zum Zweck der Verstärkung der Verneinung vor.
Bsp.:

As pogut reparar la bicicleta?- Non.	"Hast du das Fahrrad reparieren können?- Nein."
Non vendrà pas.	"Er/sie wird nicht kommen."

Die Negationspartikel *pas* kann durch Ergänzungen verstärkt bzw. präzisiert werden:

- pas cap/pas ges	"überhaupt nicht"
Lo paure tròba pas cap d'amics.	"Der Ärmste findet überhaupt keine Freunde."
- pas jamai	"nie"
Dempuèi que lo coneissi es pas jamai vengut a l'ostal.	"Seit ich ihn kenne, ist er nie zu uns nach Hause gekommen."
- pas enlòc	"nirgends"
Lo tròbi pas enlòc.	"Ich kann ihn/es nirgends finden."
- pas pus	"nicht mehr"
Los dròlles an pas pus talent.	"Die Kinder haben keinen Hunger mehr."
- pas gaire	"kaum"
Ai pas gaire de temps.	"Ich habe kaum Zeit."
- pas res	"nichts"
Comprenètz pas res a la politica.	"Ihr versteht nichts von Politik."

1.3.6.4. Das Futur (lo futur)

Das einfache Futur (futur simple) wird aus dem Infinitiv + Endung -ai, -às, -à, -em, -etz, -àn gebildet (in der dritten Verbgruppe fällt beim Infinitiv auf -re das auslautende -e fort):

1. Gruppe (-ar)	2. Gruppe (-ir)		3. Gruppe (-re/-er)	
*trabalh**ar***	*leg**ir***	*sent**ir***	*bat**re***	*planh**er***
trabalharai	legirai	sentirai	batrai	planherai
trabalharàs	legiràs	sentiràs	batràs	planheràs
trabalharà	legirà	sentirà	batrà	planherà
trabalharem	legirem	sentirem	batrem	planherem
trabalharetz	legiretz	sentiretz	batretz	planheretz
trabalharàn	legiràn	sentiràn	batràn	planheràn

Die Futurbildung bei wichtigen unregelmäßigen Verben sieht wie folgt aus:

aver	*èsser/èstre*	*anar*	*creire*	*deure*	*dire*	*far*	*poder*
aurai	serai	anarai	creirai	deurai	dirai	farai	poirai
auràs	seràs	anaràs	creiràs	deuràs	diràs	faràs	poiràs
aurà	serà	anarà	creirà	deurà	dirà	farà	poirà
aurem	serem	anarem	creirem	deurem	direm	farem	poirem
auretz	seretz	anaretz	creiretz	deuretz	diretz	faretz	poiretz
auràn	seràn	anaràn	creiràn	deuràn	diràn	faràn	poiràn

prendre	*saber*	*veire*	*venir*	*viure*	*voler*
prendrai	sauprai	veirai	vendrai	viurai	volrai
prendràs	saupràs	veiràs	vendràs	viuràs	volràs
prendrà	sauprà	veirà	vendrà	viurà	volrà
prendrem	sauprem	veirem	vendrem	viurem	volrem
prendretz	saupretz	veiretz	vendretz	viuretz	volretz
prendràn	saupràn	veiràn	vendràn	viuràn	volràn

Eine zweite Futurform, das sog. periphrastische Futur/futur compausat, wird aus dem Präsens des Verbs anar und dem nachgestellten Infinitiv gebildet. Es steht in größerer Nähe zum Sprechzeitpunkt, stellt also gegenüber dem einfachen Futur/futur simple das 'nähere' Futur dar. Vor allem umgangssprachlich ist es sehr gebräuchlich und ersetzt häufig das futur simple.

vau trabalhar	anam trabalhar
vas trabalhar	anatz trabalhar
va trabalhar	van trabalhar

Anders verhält es sich mit dem **Futur II**/futur anterior, das aus dem einfachen Futur der Hilfsverben aver und èsser/èstre + Partizip Perfekt gebildet wird (aurai pres, seràn venguts etc.). Es bezeichnet ein Geschehen, das zu einem bestimmten Zeitpunkt in der Zukunft abgeschlossen sein wird.
Bsp.:

A uèch oras aurai acabat lo trabalh.	"Um acht Uhr werde ich meine Arbeit beendet haben."

1.4. Anmerkungen

1) Das Okzitanische kennt einen regen Gebrauch von **Interjektionen**.
Tè! (s. Text) ist ein Ausdruck der Überraschung; sehr gebräuchlich sind auch: Jesus!, Bon dieu!, Vietdase! (s. Text); Paure! (s. Text) ist weniger mitleidig als ironisch gemeint; Miladi(e)us! (s. Text) drückt Unzufriedenheit aus; wörtliche Übersetzung: "Tausend Götter!"; weitere Ausdrücke der Unzufriedenheit sind: Dieu me damne! (in etwa: "Der Herr soll mich strafen!"), Macarèl! (nicht übersetzbar), Mala sòrt! (in etwa: "So ein Pech!"), Lo fòc me creme! (wörtlich: "Das Feuer soll mich verbrennen!"), Nòstra Dòna! (Anrufen der Mutter Gottes).

Auch der Teufel taucht häufig auf: Diantre! (in etwa: "Zum Teufel!"), Lo diable me petace las cauças! "Soll mir doch der Teufel die Hosen flicken!", ... vire lo capèl! "... den Hut umdrehen!", ... rastèle l'esquina!"... den Rücken harken!".

Ausdrücke der Zufriedenheit sind: Dieu mercés! "Gott sei Dank!", Tan[6] melhor! "Umso besser!"
Ausdrücke der Indifferenz: Rai! oder Aquò rai! "Das ist egal!", Tan pièg "Sei's drum!".

2) Begrüßungsformeln

Adieu! (s. Text)	"Hallo! Guten Tag! " (Duzform, im Okz. häufiger gebraucht als im Frz.)
Adieu-siatz!	"Hallo! Guten Tag!" (Siezform)
Bonjorn!	"Guten Tag!"
Bon vèspre!	"Guten Abend!"
Al reveire!	"Auf Wiedersehen!"
Bona nuèch!	"Gute Nacht!"
Va plan?	"Geht's gut?"
Cossí vas?	"Wie geht's dir?"
mögliche Antworten:	
Va plan.	"Es geht gut."
Vau plan.	"Mir geht's gut."

3) Höflichkeitsformeln

Per plaser! (s. Text)	"Bitte!" (Anfrage)
Se te/vos platz!	"Bitte!" (Anfrage, Duz- und Siezform)
Mercés! Plan mercés!, Grandmercés!	"Danke!, Vielen Dank!"

1.5. Übungen (*Lösungen zu allen Arbeitsaufgaben des Lehrbuches im Anhang*)

1) *Da die richtige Aussprache des geschriebenen Okzitanisch vor allem anfänglich einer gewissen Übung bedarf, lesen Sie den Text bitte mehrfach laut! Kontrollieren Sie Ihre Aussprache mit Hilfe der lautlichen Umschrift im Anhang!*

2) *Übersetzen Sie den Text!*

3) *Bilden Sie den Plural zu folgenden Substantiven*: lo dròlle, lo braç, una color, la nuèch, un bòsc, lo tèxte, una femna
Bilden Sie die feminine Form folgender Substantive und Adjektive: l'amic, lo pastre, lo nòvi, un rossinhòl mascle, roge, grand, polit
Bilden Sie umgekehrt die maskuline Entsprechung: la mèstra, una loba, una artista, negra, pesuga, fresca

---

[6] Vor konsonantisch anlautendem Adjektiv und Adverb wird *tant* in der Schreibung zu *tan* und häufig [ta] ausgesprochen.

4) *Übersetzen Sie folgende Sätze ins Okzitanische:*
Wir sind schon lange nicht mehr in ein Café gegangen. Der Bauernhof von Marcèl ist groß und schön und es gibt dort eine Menge Schafe und Kühe. Die beiden Freunde sprechen vom Okzitanischunterricht und von den Sprachkursen, die Felip im Gymnasium gibt. Zu Mittag will Marcèl zuhause sein.

5) *Setzen Sie folgende Sätze vom Präsens ins Perfekt, danach ins einfache und ins periphrastische Futur:*
Marcèl e Felip son dins un café. Charran del trabalh a la bòria e al licèu. Puèi van a l'ostal per dinnar.

2. Lektion

2.1. Text: *Lo puèg de Dome*

Esperèri pas un brieu davant Sant Pèire. Lo "curat" foguèt lèu aquí. Ambe lo taxi. M'aviá dich: "Deman se fa bèl temps montarem al puèg de Dome. Te prendrai a tres oras al canton de la glèisa que sabes."

Passèrem totes dos darrièr. Daissèrem lo calfaire sol. Per Chamalièras, Roiat. L'autò tirava: una D.S. Mas n'aviá besonh de tirar. Entrò La Font de l'Arbre encara, aquò n'anava. Mas puèi en primièra caliá montar.

Joan Bodon (1920-1975)

Parlàvem pas. Agachàvem. Un bòsc per començar. Mas los faus s'esclarciguèron. Lo camin s'encavava dins la pèira blanca nusa. Ieu la cresiái negra la pèira dels volcans.

Lo calfaire arrestèt son autò sus la terrassa davant l'ostalariá del Dome. E se n'anèt beure un còp per nos esperar. Mas èrem tant val dire a la cima. Prenguèrem lo vial que s'arrapava, lo "curat" lo primièr... Tornegueèrem las roïnas del temple de Mercuri. Vegèrem la pèira de Renaux l'aviator que s'èra pausat aquí. L'aire èra viu, lo cèl cande. Pas una nívol, pas una fumarla...

"Quita lo capèl!" me diguèt lo "curat". Me pensavi ieu que voliá rire. Mas non, d'un còp de ponh me descofèt.

"Oblides pas. Sèm sus la montanha sacrada. La pus nauta de Gàllia, cresián los Arvèrnis. E cossí sembla nauta vista de la plana. Aicí totes los Dieus cèltas s'encontravan que venián veire lo Dieu Lug. De Gergovia en Alesia, quantes de guerrièrs a la mòrt cutavan los uèlhs sus l'imatge del Dome, lo puèg grand... E Vercingetorix, quand lo carrejavan dins Roma a la risèia de la cacibralha, encara agachava per delà sa desfacha l'acrina que sèm... Dempuèi sièis ans que poirissiá tot viu dins sas cadenas, sabiá pas Vercingetorix que lo Dieu Lug s'èra aprivadat: Mercuri Domian s'anava apelar e esperava son temple... Mas ara se vòls, torna cargar ton capèl, qu'anam montar sus la torre de la Ràdio..."

(Auszug aus: Joan Bodon, *Lo libre dels grands jorns*, Institut d'Estudis Occitans 1978)

2.2. Vokabeln

lo brieu	der Moment, der Augenblick
lo curat	der Priester
deman	morgen
lo temps	das Wetter, die Zeit
fa bèl temps	es ist schönes Wetter
montar	hinaufsteigen
lo puèg	die Berg(kuppe)
Puèg de Dome/ Puèg Domat	höchster Berg der Auvergne
tres	drei
l'ora, f.	die Stunde
lo canton	die (Straßen-)Ecke
la glèisa	die Kirche
saber	wissen, kennen
passar	vorüber-, vorbeigehen, hingehen
dos, doás	zwei
daissar	lassen
lo calfaire/ lo menaire	der Chauffeur
tirar	ziehen, hier: kräftig anziehen
aver besonh	nötig haben
D.S.	Autotyp (der Marke Citroën)
entrò	bis
encara	noch
puèi	dann, darauf
agachar	schauen, betrachten
lo bòsc	der Wald, das Holz
lo fau	die Buche
s'esclarcir	sich aufhellen/ sich lichten
lo camin	der Weg
s'encavar	sich einkellern, hier: sich eingraben
la pèira	der Fels
blanc, -a	weiß
nus/nud, -a	nackt

arrestar	anhalten, festhalten
l'ostalariá, f.	das Hotel
se n'anar	fortgehen
nos	uns
tan val dire	sozusagen
la cima	der Gipfel
lo vial	der Pfad
s'arrapar	Wurzeln fassen, hier: in den Berg einschneiden
tornejar	herumgehen um
la roïna	die Ruine
l'aviator, m.	der Flieger
pausar	setzen, stellen, legen, hier: landen
aire, m.	Luft
viu, viva	lebhaft, lebendig
lo cèl	der Himmel
cande, -da	rein, klar
lo nívol	die Wolke
la fumarla	der Nebelstreifen
quitar	verlassen, hier: abnehmen
lo capèl	die Mütze
rire	lachen
lo ponh	die Faust
descofar	hier: die Mütze vom Kopf fegen
oblidar	vergessen
la montanha	der Berg
sacrat, -ada	heilig
naut, -a	hoch
lo/la pus naut/a	der, die höchste
cossí	wie
semblar	scheinen, erscheinen
la plana	die Ebene
s'encontrar	sich treffen, sich zusammenfinden
Diu Lug	Sonnengott
lo guerrièr	der Krieger

cutar/cotar	stürzen
l'uèlh, m.	das Auge
l'imatge, m.	das Bild
carrejar	transportieren, herumfahren
la risèia	das Lachen, das Gröhlen
la cacibralha	der Pöbel
per delà	von jenseits
la desfacha	die Niederlage
l'acrina, f.	der Bergkamm
sièis	sechs
poirir	verfaulen
la cadena	die Kette
aprivadar	zähmen
tornar cargar	hier: wieder aufsetzen
la torre	der Turm

2.3. Grammatik

2.3.1. Verb (II)

Die okzitanischen Tempora bezeichnen zum einen den Zeitpunkt eines Geschehens oder eines Sachverhalts in bezug auf die Sprechzeit (im Falle des Plusquamperfekt/plus que perfach und des Futur II/futur anterior handelt es sich dabei um einen sekundären zeitlichen Bezugspunkt), zum andern kennzeichnen sie die Art, wie ein Geschehen oder ein Zustand betrachtet wird, als abgeschlossen oder als fortdauernd (in der Sprachwissenschaft nennt man diese unterschiedliche Betrachtungsweise Aspekt). Zugleich lassen sich alle Tempora zwei Textsorten zuordnen, nämlich der Rede und dem Bericht. Die Verteilung der Tempora auf diese beiden Textsorten funktioniert wie folgt:

Rede: present/Präsens, passat compausat/Perfekt, futur/einfache Zukunft
Bericht: preterit/historisches Perfekt
Rede und Bericht: imperfach/Imperfekt, plus que perfach/Plusquamperfekt condicional/Konditional.

Da es das Phänomen des Aspekts in der Verwendung der Vergangenheitstempora im Deutschen nicht gibt, ist für deutschsprachige Okzitanischlerner die richtige Verwendung von imperfach/Imperfekt, passat compausat/Perfekt und preterit/historischem Perfekt nicht immer einfach.

Das preterit bezeichnet eine in der Vergangenheit abgeschlossene Handlung ohne Bezug zur Gegenwart (hierin unterscheidet es sich vom passat compausat/s.o.). Das imperfach hingegen beschreibt eine vergangene Handlung nicht als abgeschlossen, sondern in ihrem Verlauf (etwa als Dauer, Gewohnheit oder Wiederholung). Wo beide Tempora zusammen auftreten, bezeichnet das imperfach in der Regel die Rahmenbedingungen einer Erzählung und das preterit den Handlungsablauf. Ein Beispiel aus dem Text:

Me *pensavi* ieu que voliá rire [imperfach = Begleitumstand]. Mas non, d'un còp de ponh me *descofèt* [preterit = konkrete Handlung]

Das okzitanische **preterit** ist eine in Wort und Schrift sehr lebendige Form. Bei den regelmäßigen Verben wird es wie folgt gebildet:

1. Gruppe	2. Gruppe	3. Gruppe
*trabalh**ar***	*leg**ir*** (ebenso der Typ *sent**ir***)	*bat**re***
trabalhèri	legiguèri	batèri
trabalhères	legiguères	batères
trabalhèt	legiguèt	batèt
trabalhèrem	legiguèrem	batèrem
trabalhèretz	legiguèretz	batèretz
trabalhèron	legiguèron	batèron

Bildung des preterit bei einigen wichtigen unregelmäßigen Verben:

aver	*èsser/ èstre*	*anar*	*creire*	*deure*	*dire*	*far*
aguèri	foguèri	anèri	creguèri	deguèri	diguèri	faguèri
aguères	foguères	anères	creguères	deguères	diguères	faguères
aguèt	foguèt	anèt	creguèt	deguèt	diguèt	faguèt
aguèrem	foguèrem	anèrem	creguèrem	deguèrem	diguèrem	faguèrem
aguèretz	foguèretz	anèretz	creguèretz	deguèretz	diguèretz	faguèretz
aguèron	foguèron	anèron	creguèron	deguèron	diguèron	faguèron

poder	*prendre*	*veire*	*venir*	*viure*	*voler*
poguèri	prenguèri	vegèri	venguèri	visquèri	volguèri
poguères	prenguères	vegères	venguères	visquères	volguères
poguèt	prenguèt	vegèt	venguèt	visquèt	volguèt
poguèrem	prenguèrem	vegèrem	venguèrem	visquèrem	volguèrem
poguèretz	prenguèretz	vegèretz	venguèretz	visquèretz	volguèretz
poguèron	prenguèron	vegèron	venguèron	visquèron	volguèron

Bildung des **imperfach** bei den regelmäßigen Verben:

1. Gruppe	2. Gruppe		3. Gruppe
*trabalh**ar***	*leg**ir***	*sent**ir***	*bat**re***
trabalhavi	legissiái	sentiái	batiái
trabalhavas	legissiás	sentiás	batiás
trabalhava	legissiá	sentiá	batiá
trabalhàvem	legissiam	sentiam	batiam
trabalhàvetz	legissiatz	sentiatz	batiatz
trabalhavan	legissián	sentián	batián

Bildung des imperfach bei wichtigen unregelmäßigen Verben:

aver	*èsser/èstre*	*anar*	*creire*	*deure*	*dire*	*far*
aviái	èri	anavi	cresiái	deviái	disiái	fasiái
aviás	èras	anavas	cresiás	deviás	disiás	fasiás
aviá	èra	anava	cresiá	deviá	disiá	fasiá
aviam	èrem	anàvem	cresiam	deviam	disiam	fasiam
aviatz	èretz	anàvetz	cresiatz	deviatz	disiatz	fasiatz
avián	èran	anavan	cresián	devián	disián	fasián

poder	*prendre*	*veire*	*venir*	*viure*	*voler*
podiái	preniái	vesiái	veniái	viviái	voliái
podiás	preniás	vesiás	veniás	viviás	voliás
podiá	preniá	vesiá	veniá	viviá	voliá
podiam	preniam	vesiam	veniam	viviam	voliam
podiatz	preniatz	vesiatz	veniatz	viviatz	voliatz
podián	prenián	vesián	venián	vivián	volián

Das **plus que perfach**/Plusquamperfekt bezeichnet die sogenannte Vorvergangen- heit, also ein Geschehen, das vor einem anderen Geschehen in der Vergangenheit liegt. Gebildet wird es aus den Imperfektformen der Hilfsverben aver und èsser/èstre und dem Partizip Perfekt.

Bsp.:

trabalhar	*venir*
aviái trabalhat	èri vengut
aviás trabalhat	èras vengut
aviá trabalhat	èra vengut
aviam trabalhat	èrem venguts
aviatz trabalhat	èretz venguts
avián trabalhat	èran venguts

In der Erzählung erfüllt es die gleiche Funktion wie das imperfach, d.h. es beschreibt den Erzählrahmen. Auch hier ein Beispielsatz aus dem Text:

> Vegèrem [preterit = Handlungstempus] la pèira de Lenaux l'aviator que s'èra pausat [plus que perfach = Kontextbeschreibung] aquí.

Das **condicional present**/Konditional Präsens wird, auch bei den meisten unregelmäßigen Verben, aus dem **Infinitiv + Imperfektendungen** gebildet (bei den Verben der 3. Gruppe auf -re unter Wegfall des -e), also:

1. Gruppe	2. Gruppe	3. Gruppe
*trabalh**ar***	*leg**ir*** (ebenso der Typ *sent**ir***)	*bat**re***
trabalhariái	legiriái	batriái
trabalhariás	legiriás	batriás
trabalhariá	legiriá	batriá
trabalhariam	legiriam	batriam
trabalhariatz	legiriatz	batriatz
trabalharián	legirián	batrián

Die Bildung des condicional present bei den Hilfsverben aver und èsser/èstre:

aver:	auriái, auriás, auriá, auriam, auriatz, aurián
èsser/èstre:	seriái, seriás, seriá, seriam, seriatz, serián

Zur Bildung des condicional present der unregelmäßigen Verben s.o. futur simple, denn Futur- und Konditionalstamm sind hier identisch: *(anar)* anarai - anariái, *(creire)* creirai - creiriái, *(deure)* deurai - deuriái, *(dire)* dirai - diriái, *(far)* farai - fariái, *(poder)* poirai - poiriái, *(prendre)* prendrai - prendriái, *(saber)* sauprai - saupriái, *(veire)* veirai - veiriái, *(venir)* vendrai - vendriái, *(viure)* viurai - viuriái, *(voler)* volrai - volriái.

Als Modus steht das condicional present für die Bedingtheit verbaler Aussagen, als Tempus bezeichnet es eine aus der Vergangenheit betrachtete Zukunft und kommt vor allem in der indirekten Rede vor.
Bsp.:

Felip me diguèt qu'aimariá fòrça venir nos veire a la bòrda.	"Felip sagte, daß er uns gerne auf dem Bauernhof besuchen käme."

Das **condicional passat**/Konditional Imperfekt wird aus dem condicional present der Hilfsverben aver und èsser/èstre + Partizip Perfekt (auriái volgut, serìam venguts etc.) gebildet. Es kennzeichnet ein verbales Geschehen als nicht realisierte Möglichkeit.

Tempus und Modus im **Konditionalsatz mit *se*:**
Hier ist zwischen drei Bedingungsarten zu unterscheiden:

a) Handelt es sich beim se-Satz um eine realistische, erfüllbare Annahme, so steht er im Indikativ; im Hauptsatz kann Indikativ oder Konditional stehen.
Bsp.:

Se vòls, veni ambe tu.	"Wenn du willst, komme ich mit dir."

b) Enthält der se-Satz eine mögliche Annahme, so steht er im Indikativ Imperfekt und der Hauptsatz im Konditional.

Bsp.:

Se veniá, li poiriái explicar tot.	"Wenn er kommen würde, könnte ich ihm alles erklären."

c) Beinhaltet der se-Satz eine irreale, unerfüllbare Annahme, so kann er im Indikativ oder Konjunktiv Imperfekt[7] bzw. im Plusquamperfekt stehen und der Hauptsatz im Konditional Präsens oder Imperfekt.

Bsp.:

Aguèssi d'argent, partiriái. *sinngleich:* S'aviái d'argent, partiriái.	"Wenn ich Geld hätte, würde ich fortgehen."
Aguèssi agut d'argent, seriái partit. *sinngleich:* S'aviái agut d'argent, seriái partit.	"Wenn ich Geld gehabt hätte, wäre ich fortgegangen."

Gebräuchlich ist der subjonctiu imperfach vor allem bei den Verben *aver* und *èsser/èstre*:

Bsp.:

Sénher, se foguèssetz estat aquí abans, mon fraire seriá pas mòrt.	"Mein Herr, wenn Sie früher hier gewesen wären, wäre mein Bruder nicht tot."
M'o aguèsse demandat, l'auriái acompanhada.	"Wenn sie mich darum gebeten hätte, hätte ich sie begleitet."

2.3.2. Das Adverb (l'advèrb)

Morphologisch lassen sich die Adverbien in zwei Gruppen gliedern:

- einfache Adverbien: fòrça "sehr", sovent "oft" etc.; hierzu gehören auch adverbial gebrauchte maskuline Adjektive: mal "schlecht", fòrt "stark", grèu "schwer, schwierig", segur "sicher" etc.;

- abgeleitete Adverbien (ihre Bildung erfolgt durch Anhängen des Suffixes -ment an die weibliche Form des Adjektivs): bèlament "schön", tristament "traurig" etc.; andere Zusammensetzungen sind durch die Verbindung von Substantiven, Adjektiven, Partizipien, anderen Adverbien und Präpositionen entstanden; einige Beispiele:

benlèu	"vielleicht"	gebildet aus: ben="gut"+lèu="bald"
enlòc	"nirgends"	gebildet aus: en="in"+lòc="Ort"
gaireben	"fast"	gebildet aus: gaire="kaum"+ben="gut"
tostemps	"immer"	gebildet aus: tos (Abl. v. tot) "ganz"+temps="Zeit"

[7] Formenbildung in der 3. Lektion.

Syntaktisch ergibt sich eine Dreigliederung:

a) <u>freie Adverbien</u>
ièr "gestern", quora? "wann?", çaquelà "trotzdem" etc.;

b) <u>Adverbien als Verbergänzung</u>
Bsp.:

La fèsta durava longament.	"Die Feier dauerte lange."

c) <u>Adverbien zur näheren Bestimmung von Adjektiven und anderen Adverbien</u>, also sog. Pro-Formen
Bsp.:

Es un tèxte plan revirat.	"Das ist ein gut übersetzter Text."
Lo tren arriba gaireben puntualament.	"Der Zug kommt fast pünktlich an."

Die <u>Stellung der Adverbien</u> ist im Okzitanischen relativ frei.

Ihre semantische Gliederung ergibt vor allem drei Großgruppen: Lokal-, Temporal- und Modaladverbien. Hier eine Auswahl der gebräuchlichsten:

a) **Lokaladverbien**

<u>ací</u>	"hier" (1. Person)
<u>aquí</u>	"da" (2. Person):
Es ací qu'aimariái passar las vacanças.	"Hier würde ich gerne die Ferien verbringen."
<u>ailà</u>	"dort" (3. Person):
Ailà sus la montanha i a un pauc de nèu.	"Dort auf dem Berg gibt's ein bißchen Schnee."
<u>dins</u>	"in"
L'argent deu èsser dins la tireta.	"Das Geld muß in der Schublade sein."
<u>en</u>	"in"
Ongan passarem las vacanças en Itàlia.	"In diesem Jahr werden wir die Ferien in Italien verbringen."
<u>sus</u>, <u>subre</u>	"auf"
Aquò's de pan sus pala.	"Das ist ein ordentlicher Gewinn." *wörtlich*: "Das ist Brot auf der Schaufel."
<u>dessús</u>, <u>ensús</u>	"über"
Los dròlles an tirat lo balon per dessús lo teulat de l'ostal."	Die Kinder haben den Fußball über das Dach des Hauses geschossen."

jos, dejós, enjós, sota	"unter"
Pòdi pas demorar jos aquel solelh rosent.	"Unter dieser stechenden Sonne kann ich nicht bleiben."
davant, endavant, per davant	"vor"
I a un fum de mond qu'espèra davant la caissa de l'estadi.	"Es gibt eine Menge Leute, die vor der Stadionkasse warten."
entre, entremièg	"zwischen"
Per anar al trabalh fau cada jorn la naveta entre la banlèga e lo centre de Montpelhièr.	"Um zur Arbeit zu gelangen, pendle ich jeden Tag zwischen dem Stadtrand und dem Zentrum von Montpellier."
darrièr, endarrièr, per darrièr	"hinter"
Darrièr los Pirenèus comença Espanha.	"Hinter den Pyrenäen beginnt Spanien."
al costat de	"neben"
La bibliotèca novèla se tròba al costat de la vièlha.	"Die neue Bibliothek befindet sich neben der alten."
prèp, près, pròp (de)	"nahe"
Demorar prèp de l'autovia es pas agradiu.	"Nahe bei der Autobahn zu wohnen ist nicht angenehm."
al mièg, al mitan (de)	"in der Mitte"
L'inocent s'es arrestat al mièg de la carrièra.	"Der Idiot ist mitten auf der Straße stehengeblieben."
en fàcia (de)	"gegenüber"
En fàcia de nòstre ostal an bastit un supermercat pas brica polit.	"Gegenüber von unserem Haus hat man einen ziemlich häßlichen Supermarkt gebaut."
pertot	"überall"
Aquesta camisa me grata pertot.	"Dieses Hemd kratzt mich überall."
enlòc	"nirgends"
Fa mai d'una ora que cerqui la mòstra, mas la tròbi pas enlòc.	"Seit mehr als einer Stunde suche ich meine Uhr, kann sie aber nirgends finden."
dedins	"drinnen"
Aquí dedins es tròp escur.	"Hier drinnen ist es zu dunkel.'
defòra, fòra, enfòra	"draußen, außerhalb"
Fòra de l'ostal fa una freg que pela.	"Außerhalb des Hauses ist es lausig kalt."
fins a, entrò	"bis" (frz. *jusqu'à*)
Per arribar a la gara vos cal anar fins a la glèisa e puèi virar a man esquèrra.	"Um zum Bahnhof zu gelangen, müssen Sie bis zur Kirche gehen und dann links abbiegen."
cap a, d'aquí a	"nach" (frz. *vers*)
M'an mandat cap a vosautres.	"Man hat mich zu Euch geschickt."

cò que, a cò de, en cò de	"bei, nach, zu"
Vai-te'n en cò del perruquièr!	"Geh zum Friseur!"
a drecha/dreita, a man drecha/dreita	"rechts"
A man drecha vesètz la catedrala de Sant-Estève.	"Rechter Hand sehen Sie den Stephansdom."
a esquèrra, a man esquèrra	"links"
Lo tipe a esquèrra sus la fotò es mon fraire cabdèt.	"Der Typ links auf dem Foto ist mein jüngerer Bruder."

b) **Temporaladverbien**

uèi	"heute"
Uèi fa bèl temps per far una escorreguda en bicicleta.	"Heute ist schönes Wetter, um einen Fahrradausflug zu machen."
ara	"jetzt"
Se vòls, podèm partir ara.	"Wenn du willst, können wir jetzt gehen."
ièr	"gestern"
Ièr tornèrem del viatge a Guatemala.	"Gestern sind wir von der Reise nach Guatemala zurückgekehrt."
fa pas gaire, recentament	"kürzlich"
Fa pas gaire, l'encontrèri per la carrièra.	"Kürzlich habe ich ihn auf der Straße getroffen."
arser	"gestern abend"
Arser assistiguèri a una lectura de poesia occitana plan interessanta.	"Gestern abend habe ich an einer sehr interessanten Lesung okzitanischer Lyrik teilgenommen."
deman	"morgen"
Deman tanben serà jorn.	"Morgen ist auch noch ein Tag."
totjorn, tostemps, sempre	"immer, stets"
I a totjorn de mond malcontents.	"Es gibt immer unzufriedene Leute."
sovent	"oft"
Parla sovent sens pensar çò que ditz.	"Er spricht oft ohne zu denken, was er sagt."
dempuèi, despuèi	"seit"
Soi a Tolosa dempuèi sièis ans.	"Seit sechs Jahren bin ich in Toulouse."
fins a	"bis"
Fins ara an pas encara respondut.	"Bis heute haben sie noch nicht geantwortet."
longtemps	"lange"
Fa longtemps qu'ai pas escotada la ràdio.	"Ich habe schon lange kein Radio mehr gehört."

sul pic	"sofort, sogleich"
Quand i a una proposicion coma aquesta se cal decidir sul pic.	"Bei einem Angebot wie diesem muß man sich sofort entscheiden."
lèu	"bald"
Mièjorn picarà lèu.	"Es ist bald Mittag./Es wird bald zu Mittag läuten."
abans	"vor, früher"
Tornarai abans mièjorn.	"Ich komme vor dem Mittag zurück."
aprèp, après	"nach"
Aprèp dinnar cal far una dormida o se cal anar passejar.	"Nach dem Essen soll man ein Schläfchen machen oder spazierengehen."
puèi	"anschließend"
Primièrament anam beure un pastís e puèi discutirem de ton problèma.	"Erst werden wir einen Pastis trinken und dann über dein Problem diskutieren."
cap a	"bis, nach"
Cap a Nadal aurem acabat lo trabalh.	"Bis Weihnachten werden wir die Arbeit beendet haben."
encara	"noch"
Ai pas encara pagada la factura, mas o farai lèu.	"Ich habe die Rechnung noch nicht bezahlt, aber ich werde es bald tun."
ja, dejà	"schon"
Sès ja garit de la gripa?	"Hast du dich von der Grippe schon erholt?"

c) **Modaladverbien** sind alle mit Hilfe des Suffixes -ment gebildete Adverbien; weitere frequent gebrauchte sind:

ben/plan	"gut"
Plan fach!	"Gut gemacht!"
mal	"schlecht"
Es un trabalh mal fach.	Das ist es eine schlecht gemachte Arbeit."
pro	"genug"
Cresi qu'avèm trabalhat pro uèi.	"Ich glaube, heute haben wir genug gearbeitet."
viste, lèu-lèu	"schnell"
La ròda vira viste.	"Das Rad dreht sich schnell."
tròp	"zu viel"
I a tròp de mond sul mercat.	"Auf dem Markt gibt es zuviele Leute."

2.3.3. Pronomen (lo pronom)

a) Objektspronomen

Subjekt	direktes Objekt	indirektes Objekt
(ieu)	me, m'	me, m'
(tu)	te, t'	te, t'
(el)	lo, l'	li
(ela)	la, l'	li
(se/reflexiv)	se, s'	se, s'
(nosautres, -as)	nos	nos
(vosautres, -as)	vos	vos
(eles)	los	lor (los)
(elas)	las	lor (las)

Hat das folgende Wort im Anlaut einen Vokal, so werden me, te, lo, la und se elidiert.

Bsp.:

T'ai fach(a) una tisana.	"Ich habe dir einen Kräutertee gemacht."
Cresi que s'es enganat.	"Ich glaube, er hat sich geirrt."

Weitere wichtige Objektspronomen im Okzitanischen sind çò, o, i und ne:

çò ist ein neutrales Pronomen mit der Bedeutung "das", "was". Verwendet wird es

1) vor dem Relativpronomen:

Diga-me çò que vòls.	"Sag mir, was du willst."

2) vor substantivierten Adjektiven:

Çò nòstre es pas çò vòstre.	"Das Unsere ist nicht das Eure."

3) in eingeschobenen Sätzen:

"La maire dels jorns es pas mòrta.", çò diguèt.	"Wir haben Zeit genug.", so sagte er. (wörtlich: "Die Mutter der Tage ist nicht tot.")

o ist ebenfalls ein Neutrum, das sich in der Bedeutung "es", "das", "dies" auf ein nicht näher bestimmtes Nomen oder einen ganzen Satz beziehen kann.

Bsp:.

Es ben çò que li diguèri, mas o volguèt pas creire.	"Das ist genau das, was ich ihm gesagt habe, aber er wollte es nicht glauben."

i und **ne** können doppelt verwendet werden:

1) als Ortsadverbien (i = "dort, dorthin", ne = "von dort"):

Bsp.:

Se i cal anar i anarem.	"Wenn man dorthin gehen muß, werden wir hingehen."
Sès pas anat al trabalh uèi? – Ne torni.	Bist du heute nicht zur Arbeit gegangen? - Ich komme von ihr zurück."

2) als Adverbialpronomen, dabei i vor allem anstelle von Satzergänzungen mit den Präpositionen a, sus, dins etc., ne für Ergänzungen mit de.
Bsp.:

Te cal pensar a l'aniversari de Jaumeta! - Va plan, i vau pensar.	"Du mußt an den Geburtstag von Jacqueline denken! - In Ordnung, ich werde daran denken."
Pòdes prene d'aquesta sopa, mas ieu ne vòli pas.	"Du kannst von dieser Suppe kosten, aber ich will nichts davon."

Vor nachfolgendem Vokal wird *ne* elidiert:

N'ai pas res comprés!	"Ich habe nichts davon verstanden."

b) Relativpronomen

Das Okzitanische kennt folgende Relativpronomen: que, qui, qual, lo(s) qual(s), la(s) quala(s) und dont.

Das mit Abstand gebräuchlichste Relativpronomen ist que. Es steht gleichermaßen für Personen, Sachen und für das Neutrum und kann als Subjekt und Objekt gebraucht werden.
Bsp.:

La femna que parla.	"Die Frau, die spricht."
La femna que vesi.	"Die Frau, die ich sehe."
La femna que (ne) parli.	"Die Frau, von der ich spreche."
La femna que parlavas ambe ela es partida.	"Die Frau, mit der du gesprochen hast, ist fortgegangen."
L'endrech que soi nascut.	"Der Ort, an dem ich geboren bin."

Qual kann als einleitendes Subjektspronomen oder direktes Objektspronomen für Personen gebraucht werden.
Bsp.:

Qual vòl i va.	"Wer will, geht dorthin."
Qual cresètz enganar vos engana.	"Wen ihr hereinlegen wollt, der legt euch herein."

In dieser Position kann qual durch qui ersetzt werden:
Bsp.:

Qui vòl i va.	*statt*	Qual vòl i va.
La femna de qui me parlatz ...	*statt*	La femna de qual me parlatz ...

Gleichwohl ist die Bildung mit qual insgesamt frequenter. Noch gebräuchlicher, vor allem in der Umgangssprache, ist jedoch die Bildung mit que:

La femna que me'n parlatz ...

Die Formen lo(s) qual(s), la(s) quala(s) können als Subjekt, Objekt, präpositional oder attributivisch gebraucht werden und geben der Aussage zugleich einen gewissen Nachdruck.
Bsp.:

La facilitat ambe la quala fas aquò me suspren.	"Die Leichtigkeit, mit der du dies machst, überrascht mich."

Dont ist der Genitiv des Relativpronomens und kann an die Stelle von de qui, de que, de qual und de la quala treten.
Bsp.:

Lo dentista dont soi client, es un grand amator de musica.	"Der Zahnarzt, dessen Patient ich bin, ist ein großer Musikliebhaber."

Hier handelt es sich gleichwohl um eine archaische Form, die inzwischen weitgehend außer Gebrauch ist. Heute sagt man eher:

Lo dentista que ne soi client ...

c) Demonstrativpronomen

	Mask. Sg.+Pl.:	Fem. Sg.+Pl.:	Neutrum (nur Sg.):
Nähe (Zuordnung zur 1. Person)	aiceste(s)	aicesta(s)	aiçò
(Zuordnung zur 2. Person)	aqueste(s)	aquesta(s)	aquò
Ferne (Zuordnung zur 3. Person)	aquel(e)(s)	aquela(s)	ailò

Bsp:

Aicestas majofas son pas polidas. Donatz-me d'aquelas!	"Diese Erdbeeren hier sind nicht schön. Geben Sie mir von jenen dort!"
Aquesta es ma sòrre.	"Diese da ist meine Schwester."

Während die Maskulinum- und Femininum-Formen auch adjektivisch gebraucht werden können (s.o. 1.3.5.), treten aiçò, aquò und ailò rein pronominal auf. Dabei ist aquò die mit Abstand gebräuchlichste Form und kann auch als neutrales Subjekt verwendet werden.

Bsp.:

Qu'es aquò?	"Was ist das?"
Aquò rai!	"Das ist egal!/Das ist leicht!"

Bei pronominaler Verwendung können aiceste(s)/aicesta(s) und aqueste(s)/aquesta(s) durch die Kurzformen este(s) und esta(s) ersetzt werden.

2.3.5. Zahlwörter (cardinals)

1 un, una
2 dos, doás
3 tres
4 quatre
5 cinc
6 sièis
7 sèt
8 uèch
9 nòu
10 dètz
11 onze
12 dotze
13 tretze
14 catòrze
15 quinze
16 setze
17 dètz-e-sèt
18 dètz-e-uèch
19 dètz-e-nòu
20 vint
21 vint-e-un
22 vint-e-dos
30 trenta
31 trenta un
32 trenta dos
40 quaranta
41 quaranta un
50 cinquanta
60 seissanta
70 setanta
80 ochanta
90 nonanta
100 cent
101 cènt un
200 dos cents
1000 mila, mil
1001 mila un

2.3.6. Ordnungszahlen (ordinals)

primièr,-a
segond/dosen,-a
tèrç/tresen,-a
quart/quatren,-a
quint/cinquen,-a
seisen,-a
seten,-a
ochen,-a
noven,-a
desen,-a
onzen, -a
dotzen, -a
tretzen, -a
catorzen, -a
quinzen, -a
setzen, -a
dètz-e-seten, -a
dètz-e-ochen, -a
dètz-e-nonen, -a
vienten, -a
cènten, -a
milen, -a

2.3.7. Brüche (partius)

de doás parts una: 1/2
de tres parts doás: 2/3
la mitat: die Hälfte

lo tèrç: das Drittel
lo quart: das Viertel
lo cinquen: das Fünftel

2.3.8. Uhrzeit (lo temps)

Quina ora es?	Wie spät ist es?
3.00/15.00 Uhr	Son tres oras.
15.10 Uhr	Son tres oras dètz.
15.15 Uhr	Son tres oras (e) un quart.
15.20 Uhr	Son tres oras vint.
15.30 Uhr	Son tres oras e mièja.
15.40 Uhr	Son quatre oras manca vint.
15.45 Uhr	Son quatre oras manca un quart.
15.50 Uhr	Son quatre oras manca dètz.
1.00/13.00 Uhr	Es una ora.
12.00 Uhr	Es miègjorn.
24.00 Uhr	Es mièjanuèit.

2.4. Anmerkungen

1) Lautliche Eigenschaften wie die starke Öffnung der Vokale, die ausgeprägte Tendenz zur Diphthongierung (und Triphthongierung), das Zäpfchen-r und die zahlreichen Paroxytona, also Worte, die den Akzent auf der vorletzten Silbe tragen, geben dem Okzitanischen ein im Vergleich zum Französischen deutlich anderes Lautbild. Der Text zur Lektion 2 bietet zahlreiche Beispiele für einen weiteren phonetischen Unterschied: während klass. (und vulgär-) lateinisches CA (wie in CARRICARE) im Französischen palatalisiert wird (> nfrz. *charrier* [ʃarje]) und nur in sog. 'mots savants' wieder auftaucht (etwa in *cause* [ko:z]), bleibt es im Okzitanischen erhalten (okz. *carrejar* [kar:eʒa]). Weitere Beispiele aus dem Text:

okz.		frz.	
calfaire	[kalfaire]	chauffeur	[ʃofœ:r]
cargar	[karga]	charger	[ʃarʒe]
capèl	[kapɛl]	chapeau	[ʃapo]

2) Im Lateinischen auslautendes unbetontes -a wird in der Lautentwicklung des Französischen zunächst zu [ə], dann verstummt es. Im Okzitanischen hingegen wird der Vokal erhalten und zu [ɔ] gerundet. Hierin liegt die Ursache dafür, daß wir, wie erwähnt, im Okzitanischen auf zahlreiche Paroxytona treffen, wo das Frz.

nur mehr Oytona kennt, also auf der letzten Silbe betonte Wörter (bzw. *mots/groupes phonétiques*). Beispiele aus dem Lektionstext:

okz.		frz.	
glèisa	['glɛj-sɔ]	église	[e-'gli:z]
pèira	['pɛj-rɔ]	pierre	[pjɛ:r]
desfacha	[des-'fat-ʃɔ]	défaite	[de-'fɛt]

Die Paroxytona geben dem okzitanischen Satz jene spezifisch meridionale Rhythmik, die sich so deutlich von der Satzmelodie des Französischen unterscheidet, bei dem der Wortakzent weitgehend zugunsten des Satz- bzw. Wortgruppenakzentes aufgegeben worden ist. Wo die okzitanische Satzrhythmik auf das Französische des Südens abfärbt, kennzeichnet sie den sog. 'accent du Midi'.

3) Die beschriebene Dreistufigkeit der okzitanischen Demonstrativa orientiert sich, analog zu den klassisch-lateinischen Formen HIC, ISTE und ILLE, an den drei Personen des Verbalsystems. Wie in den meisten anderen romanischen Sprachen, die es ebenfalls erhalten haben, erfährt diese Dreistufigkeit auch im Okzitanischen eine deutliche Abschwächung und wird zunehmend durch ein zweistufiges, nur mehr nach Nähe und Ferne unterscheidendes System ersetzt. Rumänisch und Französisch etwa haben ein solches bereits seit längerem verwirklicht.

2.5. Übungen

1) *Setzen Sie in der folgenden Geschichte vom verlorenen Sohn die richtigen Verbformen ein. Achten Sie dabei besonders auf die korrekte Verwendung von* preterit/historischem Perfekt *und* imperfach/Imperfekt *(die entsprechenden Infinitive sind fett markiert):*

Un òme ***(aver)*** pas que dos dròlles. Lo plus jove ***(dire)*** a son paire. "*(èsser/èstre)* ora per ieu de me governar sol e d'aver d'argent; me cal poder partir e véser de païs. *(Despartir)* lo vòstre ben e *(donar)*-me çò que *(dever)* aver. "O mon filh", ***(dire)*** lo paire, "coma *(voler)* tu; *(èsser/èstre)* marrit e *(èsser/èstre)* castigat." Apuèi ***(dobrir)*** una tireta, ***(despartir)*** lo sieu ben e ne *(far)* doás parts. Qualques jorns aprèp, lo marrit *(se'n* ***anar)*** del vilatge en se conflant e sens dire adieu a degun. ***(Traversar)*** fòrça bosigas, fòrça bòsques, fòrça ribièiras, e ***(arribar)*** dins una granda vila ont ***(merçar)*** tot l'argent. Al cap de qualques meses, ***(caler)*** que vendèsse la farda a una vièlha femna e ***(se logar)*** per vailet lo ***(mandar)*** pels camps gardar los ases e los buòus. Alara ***(èsser/èstre)*** plan malaürós. ***(Aver)*** pas mai de lièch per dormir la nuèch ni de fuòc per se calfar quand ***(aver)*** freg. ***(Aver)*** qualque còp talament talent qu'*(aver)* plan manjadas aquelas fuèlhas de caulet e aquela frucha confida que manjan los pòrcs; mas degun li ***(balhar)*** pas res. Un ser, lo ventre trèulhe, se ***(daissar)*** tombar sus un rolh; e ***(agachar)*** per la fenèstra los aucèls que ***(volar)*** leugièirament. Apuèi ***(veire)*** paréisser dins lo cèl la luna e las estelas e se ***(dire)*** en plorant: "Enlà, l'ostal del paire *(èsser/èstre)* plen de vailets qu'*(aver)* de pan e de vin, d'uòus e de formatge tant que *(voler)*. D'aquel temps ieu aicí *(morir)* de fam."...[8]

dt. Übersetzung:

Ein Mann hatte nur zwei Söhne. Der jüngere sagte zu seinem Vater: "Es ist für mich an der Zeit, daß ich mein Leben selbst gestalte und Geld habe; ich muß fortgehen und Länder sehen können. Teilt euren Besitz auf und gebt mir das, was mir zusteht." "Ach, mein Sohn", sagte der Vater, "wie du willst; du bist ein schlechter Kerl und wirst bestraft werden." Danach öffnete er eine Schublade, teilte seinen Besitz auf und machte daraus zwei Teile.

Einige Tage später verließ der Nichtsnutz mit stolzgeschwellter Brust das Dorf, ohne sich von irgend jemandem zu verabschieden. Er durchquerte viele Landstriche und Wälder, überschritt zahlreiche Flüsse und gelangte in eine große Stadt, in der er all sein Geld ausgab. Nach einigen Monaten mußte er seine Kleidung einer alten Frau verkaufen und verdingte sich als Knecht: man schickte ihn auf die Felder zum Esel- und Ochsenhüten. Daraufhin wurde er sehr unglücklich. Er hatte kein Bett mehr, in dem er nachts schlafen konnte, und auch kein Feuer, um sich zu wärmen, wenn ihm kalt war. Manchmal hatte er einen solchen Hunger, daß er sogar jene Kohlblätter und jene verfaulten Früchte gegessen hätte, die die Schweine fressen. Aber von niemandem bekam er etwas.

Eines Abends, den Magen leer, ließ er sich auf einen abgesägten Baumstumpf fallen; und er betrachtete durch das Fenster die Vögel, die leicht dahinflogen. Später sah er am Himmel den Mond aufgehen und die Sterne aufziehen und sagte unter Tränen zu sich selbst: "Dort ist das Haus meines Vaters, voller Knechte, die Brot und Wein, Eier und Käse haben, soviel sie wollen. Derweil sterbe ich hier vor Hunger."

2) *Übersetzen Sie folgende Sätze und achten Sie dabei vor allem auf den richtigen Gebrauch des Konditionals und der Pronomen!*
   a) Könnten Sie bitte das Fenster öffnen. Hier drinnen ist es zu warm. (öffnen - obrir; warm - caud)
   b) Ohne deine Hilfe hätte ich die Arbeit niemals beendet. (die Hilfe - l'ajuda, f.; beenden - acabar)
   c) Wärst du etwas früher gekommen, hättest du ihn noch angetroffen. (antreffen - encontrar)
   d) Wo sind die Schlüssel?- Vielleicht hat man sie uns gestohlen? (der Schlüssel – la clau; stehlen - panar/raubar)
   e) Ich verstehe Ihre Frage nicht. Könnten Sie sie bitte wiederholen? (wiederholen – tornar dire/repetir)

3) *Schauen Sie sich an dem Ort um, an dem Sie sich gerade befinden und fragen Sie sich selbst nach dem Standort verschiedener Gegenstände, etwa:*

lo banaston	der Papierkorb	la botelha de vin	die Weinflasche

[8] Der Text ist dem Buch *La langue occitane* von Pierre Bec (Paris: Presses Universitaires de France, 4. Aufl. 1978, S. 112f.) entnommen.

la cadièra	der Stuhl	lo glòbe	der Globus
lo cafè	der Kaffee	lo gredon	der Bleistift
lo cendrièr	der Aschenbecher	lo quasèrn	das Schreibheft
		etc.	

Frage: Ont es/son... lo(s)/la(s)? *oder* Ont se tròba(n)... lo(s)/la(s)...?
Geben Sie sich selbst (wahlweise schriftlich) Antwort und verwenden Sie dabei die in der Lektionsgrammatik eingeführten Lokaladverbien!
Antwortmodell: Lo(s)/la(s)... es/son/se tròba(n)... sus/jos/al costat de/en fàcia de...

l'armari, m.	der Wandschrank	lo burèu	der Schreibtisch
		lo tapís	der Teppich
la bibliotèca	das Bücherregal	la taula de salon	der Kaffeetisch
lo depaus	die Abstellkammer	etc.	
lo divan, lo sofà	das Sofa		

Sie können die Übung auch zu zweit machen, als Frage-Antwort-Spiel oder in folgender Variante: A zeichnet verdeckt auf einem Blatt Papier ein Wohnzimmer mit Balkonfenster, Türen zu diversen Nebenräumen (etwa Küche, Flur, Schlaf- und Badezimmer) und einer Reihe Möbeln darin. B muß versuchen, einen identischen Einrichtungsplan zu zeichnen und fragt zu diesem Zweck A, wo welches Möbelstück zu stehen kommt. Entsprechend den Antworten von A und ohne auf dessen Plan zu schauen, zeichnet B die Möbel in seinen eigenen Plan ein. Wenn Sie fertig sind, vergleichen Sie die Zeichnungen!

zum Wohnzimmer:

la fenèstra	"das Fenster"
la pòrta de la cambra	"die Schlafzimmertür"
la pòrta de la sala d'aiga	"die Badezimmertür"
la pòrta del corredor	"die Flurtür"
la pòrta de la cosina	"die Küchentür"

zur möglichen Ausstattung:

un sofà/divan	s.o.
un tapís	s.o.
una taula de salon	s.o.
una taula ambe de cadièiras	"ein (Eß-)Tisch mit Stühlen"
un escritòri ambe cadièira	"ein Schreibtisch mit Stuhl"
un televisor	"ein Fernsehapparat"
tres plantas (f.)	"drei Pflanzen"
una granda bibliotèca	"ein großes Bücherregel"
una pichona bibliotèca	"ein kleines Bücherregal"
un cadieràs	"ein großer Sessel"

4) *Wie spät ist es? - Quina ora es?*
7.30 Uhr, 10.55 Uhr, 12.15 Uhr, 24.00 Uhr, 00.45 Uhr, 16.35 Uhr

5) *Geben Sie den Tagesablauf von Herrn Linas wieder und verwenden Sie dabei folgende Zeiten:*
- present/Präsens: Was macht Herr Linas heute?
- passat compausat/Perfekt: Was hat er heute gemacht?
- preterit/historisches Perfekt: Was hat er gestern gemacht?
- futur/Futur I: Was wird er morgen tun?

- a 7 oras sortir de son ostal per anar a la gara (um 7 Uhr sein Haus verlassen, um zum Bahnhof zu gehen)
- dins lo trèn: legir lo jornal (im Zug: Zeitung lesen)
- al burèu: pausar lo mantèl dins l'armari e trobar un fum de dorsièrs sul secretari (in seinem Büro: den Mantel in den Schrank hängen und eine Menge Akten auf dem Schreibtisch sehen)
- puèi dictar unas letras a la secretària (danach der Sekretärin Briefe diktieren)
- a 12.15 oras dinnar ambe de collaboraires dins lo restaurant de son ostal de comèrci (um 12.15 Uhr mit Mitarbeitern in der Kantine seines Handelshauses zu Mittag essen)
- aprèp: tornar trabalhar e prendre lo cafè (anschließend weiterarbeiten und Kaffee trinken)
- de 14 a 16 oras anar veire de clients (von 14-16 Uhr Kunden besuchen gehen)
- a 18 oras: sortir de son burèu e dintrar (um 18 Uhr sein Büro verlassen und nach Hause fahren).

3. Lektion

3.1. Text: *Lo cassolet* *(coma a Castèlnòu d'Ari)*

Vos cal prene de mongetas blancas, de las polidas, mièja liura per forquetaire! Las laissatz trempar qualques oras, puèi las fasètz còire plan planet, dins una ola ambe de bolhon (una ceba picada de clavèls de giròfle, d'alh, d'èrbas. Salatz pas tròp!) Quand seràn cuèitas las mongetas, las laissaretz estorrir.

Cal puèi que fagatz sautar dins la padèla, (ambe de graissa d'auca o de guit, se n'avètz) mièja liura (per quatre personas!) de carnsalada abocinada, mièja liura d'esquina de pòrc, e mièja liura de salcissa (de Tolosa, macarèl!). La salcissa, la laissetz pas còire que d'un costat. La vianda tirada de la padèla, passatz-i una ceba, doás carròtas, una tomata, tot aquò atalhonat.

Prenètz una terralha (pro bèla), fasètz un fons de codenas de pòrc, e botatz dessús las mongetas, mescladas ambe la carnsalada, l'esquina de pòrc, la tomata, la ceba e las carròtas... e, naturalament qualques tròces de guit o d'auca qu'esperavan l'ocasion, confits dins lo topin de graissa! Las salcissas se pausan dessús (lo costat qu'es pas cuèit demòra a l'aire). Tot aquò se recobrís de chapladura fina, e laissatz còire plan doçament, plan de temps: tota una nuèch se podètz! En ajustar, de còps, un pauc de bolhon, que tot venga pas sec coma l'arma del diable

E quand seretz una brava taulada d'amics, sortiretz una botelha de bon vin roge del país (Corbièras, Cáurs, Madiran, Tavèl, Pecharmant... e n'i a tantes d'autres!) e vos prometi que vos'n lecaretz los dets!

(aus: Joan Rigosta, *Parli occitan*, Escòla Occitana D'Estiu 1982)

3.2. Vokabeln

lo cassolet	das Caçoulet, Ragout mit weißen Bohnen	lo forquetaire	der 'Gabelhalter' (= Esser)
la mongeta	die Bohne	trempar	einweichen, eintauchen
la liura	das Pfund		
la forqueta	die Gabel	còire	kochen

plan planet	langsam
l'ola, f.	der Topf
lo bolhon	die Bouillon, Brühe
la ceba	die Zwiebel
picar	stechen, läuten, hier: spicken
lo clavèl de giròfle	die Gewürznelke
l'alh, m.	der Knoblauch
l'èrba, f.	das Kraut
salar	salzen
estorrir	abtropfen lassen
sautar	springen
la padèla	die Pfanne
lo grais/ la graissa	das Fett
l'auca, f.	die Gans
lo guit/rit	die Ente
la carnsalada	das gesalzene Schweinefleisch
abocinar	kleinschneiden
l' esquina de pòrc	die Schweineschulter
la salcissa	die Wurst
lo costat	die Seite
la vianda	das Fleisch
passar	vorbeigehen, hier: hinzugeben
la carròta/ la pastenaga	die Mohrrübe, die Karotte
la tomata	die Tomate
atalhonar	kleinschneiden

la terralha	der irdene Schmortopf
lo fons	der Boden
la codena	die Speckschwarte
botar	setzen, stellen, legen
lo tròç	das Stück
l'ocasion, f./ l'escasença, f.	die Gelegenheit, der Anlaß
confir	einmachen
recobrir	bedecken
la chapladura	das geriebene Brot
fin, -a	fein
plan	gut, sehr
doçament	sanft, langsam
còire plan doçament	auf sehr kleiner Flamme kochen
plan de temps	eine lange Zeit
la nuèch	die Nacht
ajustar	hinzufügen
sec, -a	trocken
l'arma, f.	die Seele
lo diable	der Teufel
la taulada	die Tischgesellschaft
sortir	fortgehen, herausholen
la botelha	die Flasche
lo país	das Land
prometre	versprechen
lecar	(ab-)lecken
lo det	der Finger

3.3. Grammatik

3.3.1. Konjunktiv (lo subjonctiu)

Konjunktiv Präsens (lo subjonctiu present)
Formen:

1. Gruppe	2. Gruppe		3. Gruppe
*trabalh**ar***	*leg**ir***	*sent**ir***	*bat**re***
(que) trabalhe	(que) legisca	(que) senta	(que) bata
trabalhes	legiscas	sentas	batas
trabalhe	legisca	senta	bata
trabalhem	legiscam	sentam	batam
trabalhetz	legiscatz	sentatz	batatz
trabalhen	legiscan	sentan	batan

Bildung bei den Hilfsverben und wichtigen unregelmäßigen Verben:

aver	*èsser/ èstre*	*anar*	*creire*	*deure*	*dire*	*far*
aja	siái	ane	crega	dega	diga	faga
ajas	siás	anes	cregas	degas	digas	fagas
aja	siá	ane	crega	dega	diga	faga
ajam	siam	anem	cregam	degam	digam	fagam
ajatz	siatz	anetz	cregatz	degatz	digatz	fagatz
ajan	sián	anen	cregan	degan	digan	fagan

poder	*prendre*	*saber*	*veire*	*venir*	*viure*	*voler*
pòsca	prenga	sàpia	veja	venga	visca	vòlga
pòscas	prengas	sàpias	vejas	vengas	viscas	vòlgas
pòsca	prenga	sàpia	veja	venga	visca	vòlga
poscam	prengam	sapiam	vejam	vengam	viscam	volgam
poscatz	prengatz	sapiatz	vejatz	vengatz	viscatz	volgatz
pòscan	prengan	sàpian	vejan	vengan	viscan	vòlgan

Konjunktiv Imperfekt (lo subjonctiu imperfach)

1. Gruppe	2. Gruppe		3. Gruppe
*trabalh**ar***	*leg**ir***	*sent**ir***	*bat**re***
trabalhèsse	legiguèsse	sentiguèsse	batèsse
trabalhèsses	legiguèsses	sentiguèsses	batèsses
trabalhèsse	legiguèsse	sentiguèsse	batèsse
trabalhèssem	legiguèssem	sentiguèssem	batèssem
trabalhèssetz	legiguèssetz	sentiguèssetz	batèssetz
trabalhèsson	legiguèsson	sentiguèsson	batèsson

Bildung bei den Hilfsverben und wichtigen unregelmäßigen Verben:

aver	*èsser/èstre*	*anar*	*creire*	*deure*	*dire*
ag(u)èsse	foguèsse	anèsse	creguèsse	deguèsse	diguèsse
ag(u)èsses	foguèsses	anèsses	creguèsses	deguèsses	diguèsses
ag(u)èsse	foguèsse	anèsse	creguèsse	deguèsse	diguèsse
ag(u)èssem	foguèssem	anèssem	creguèssem	deguèssem	diguèssem
ag(u)èssetz	foguèssetz	anèssetz	creguèssetz	deguèssetz	diguèssetz
ag(u)èsson	foguèsson	anèsson	creguèsson	deguèsson	diguèsson

far	*poder*	*prendre*	*saber*	*veire*	*venir*
faguèsse	poguèsse	prenguèsse	saupèsse	veg(u)èsse	venguèsse
faguèsses	poguèsses	prenguèsses	saupèsses	veg(u)èsses	venguèsses
faguèsse	poguèsse	prenguèsse	saupèsse	veg(u)èsse	venguèsse
faguèssem	poguèssem	prenguèssem	saupèssem	veg(u)èssem	venguèssem
faguèssetz	poguèssetz	prenguèssetz	saupèssetz	veg(u)èssetz	venguèssetz
faguèsson	poguèsson	prenguèsson	saupèsson	veg(u)èsson	venguèsson

Funktion:
1) Von der modalen Funktion her ist der okz. subjonctiu dem frz. subjonctif vergleichgbar (zugleich stärker im Gebrauch). Er bezeichnet einen hypothetischen, gedachten, bezweifelten oder erwarteten, beabsichtigten oder gewünschten Zustand oder eine entsprechende Handlung. Maßgeblich für seine Verwendung ist dabei weniger die Frage der Wirklichkeit des Geschehens oder des Zustandes an sich, als vielmehr die Sichtweise des Sprechers. Dabei wird die gesehene Möglichkeit oder Eventualität eher im subjonctiu present ausgedrückt, die gesehene Irrealität hingegen im subjonctiu imperfach. Also:

Espèri fòrça que vengan. — "Ich hoffe sehr, daß sie kommen."
S´aguèsse un ostal, seriái content. — "Wenn ich ein Haus hätte, wäre ich glücklich."

2) Nach den intellektuellen Verben creire "glauben, meinen", pensar "denken, meinen", semblar "er-/scheinen", trobar "finden, halten für", saber "wissen", dire "sagen" und admetre "eingestehen" steht dort, wo sie einen Zweifel oder eine Unsicherheit ausdrücken, im Nebensatz oft der subjonctiu. Dabei bestimmt das Tempus des Hauptsatzes zugleich das des Nebensatzes. Beispiele:

Präsens

Pensas qu'ajam d'argent. — "Du glaubst, wir hätten Geld."

Imperfekt

Cresiá que lo volguèsson metre en preson sens acusacion. — "Er dachte, daß sie ihn ohne Gerichtsverfahren ins Gefängnis sperren wollten."

3) Daneben gibt es eine Reihe automatischer Auslöser des subjonctiu:

a) unpersönliche Wendungen wie

cal que	"es ist nötig, daß..."
val mai que	"es ist besser, daß..."
baste que	"vorausgesetzt, daß..."
es ora que	"es ist Zeit, daß..."

Bsp.:

Val mai que vengas per pascas, que i farà melhor (temps).	"Es ist besser, wenn du zu Ostern kommst, weil dann das Wetter besser sein wird."
Me regali de veire un filme de sciéncia ficcion, baste que siá plan fach.	"Ich sehe mir gerne einen Science-fiction-Film an, vorausgesetzt, er ist gut gemacht."

Was die Verwendung von cal que + subjonctiu betrifft, so treffen wir an ihrer Stelle in der Umgangssprache häufig die Kombination Personalpronomen + cal + Infinitiv.

Bsp.:

Per demorar sople, nos cal far cada jorn un pauc de gimnastica.	"Um gelenkig zu bleiben, müssen wir jeden Tag ein bißchen Gymnastik machen."

b) Verben sowie prädikative Adjektive, die eine persönliche Empfindung bzw. Wertung ausdrücken:

aimar que...	gern haben, daß
s'alegrar que...	sich freuen, daß
s'estonar que...	sich wundern, daß
se plànher que...	bedauern, daß
pas comprendre que...	nicht verstehen, daß
aver paur que...	Angst haben, daß
aver vergonha que...	sich schämen, daß
crénher que...	fürchten, daß
èsser/èstre content/a que...	zufrieden sein, daß
èsser/èstre fier/a que...	stolz sein, daß
èsser/èstre embalausit/-ida que...	entzückt sein, daß
èsser/èstre estonat/-ada que...	erstaunt sein, daß
èsser/èstre malcontent/a que...	unzufrieden sein, daß
èsser/èstre trist/a que...	traurig sein, daß

Bsp.:

M'estoni un pauc que degun de vosautres aja pas vist lo darrièr filme de Chabrol.	"Ich wundere mich ein wenig, daß noch niemand von Euch den neuen Chabrol-Film gesehen hat."
Sèm glorioses que siás recebut al bachelierat.	"Wir sind stolz darauf, daß du das Abitur bestanden hast."

4) In Nebensätzen, die mit Relativpronomen oder Konjunktion eingeleitet werden und einen futurischen Sinn haben, wird häufig das subjonctiu present gebraucht, bei solchen mit konditionalem Sinn das subjonctiu imperfach.

Bsp.:

subjonctiu present:

Salva que pòsca!	"Rette sich wer kann!"
Çò que volgatz!	"Was ihr wollt!"
Tanlèu que lo solelh venga...	"Sobald die Sonne aufgeht..."

subjonctiu imperfach:

Ieu que cresiái que jamai pus n'aguèsse besonh...	"Ich, der ich glaubte, daß ich es nie mehr brauchen würde..."
Ne prenguèt per en cas que n'aguèsse enveja...	"Er nahm davon für den Fall, daß er Lust bekommen sollte..."

3.3.2. Imperativ (l'imperatiu)

Von besonderer Bedeutung ist der subjonctiu (present) für die Bildung des Imperativs. Denn nur die beiden gebräuchlichsten Formen, der affirmative Imperativ Singular und der für die 2. Person Plural, werden (wie im Französischen) vom Indikativ Präsens abgeleitet:

1. Gruppe	2. Gruppe		3. Gruppe
*trabalh**ar***	*leg**ir***	*sent**ir***	*bat**re***
trabalha!	legís!	sent!	bat!
trabalhatz!	legissètz!	sentètz!	batètz!

Alle übrigen Formen (die affirmative Form für die 1. Person Plural sowie alle verneinenden Formen) sind dem Präsens des subjonctiu entlehnt. Daraus ergibt sich folgendes Gesamtbild:

	Indikativ (indicatiu)	*Konjunktiv (subjonctiu)*
affirmative Form:		
	Parla! ("Sprich!")	
		Parlem! ("Sprechen wir!")
	Parlatz! ("Sprecht!", "Sprechen Sie!")	
verneinende Form:		
		Parles pas! ("Sprich nicht!")
		Parlem pas! ("Sprechen wir nicht!")
		Parletz pas! ("Sprecht nicht!"/ "Sprechen Sie nicht!")

Bildung des Imperatifs bei den Hilfsverben und einigen wichtigen unregelmäßigen Verben:

	aver	*èsser/èstre*	*anar*	*beure*
affirmativ:				
Sg.:	aja!	siá!	vai!	beu!
1. Ps. Pl.:	ajam!	siam!	anem!	begam!
2. Ps. Pl.:	ajatz!	siatz!	anatz!	bevètz!
verneinend:				
Sg.:	ajas pas!	siás pas!	anes pas!	begas pas!
1. Ps. Pl.:	ajam pas!	siam pas!	anem pas!	begam pas!
2. Ps. Pl.:	ajatz pas!	siatz pas!	anetz pas!	begatz pas!

	creire	*deure*	*dire*	*far*
affirmativ:				
Sg.:	crei!	deu!	diga!	fai!
1. Ps. Pl.:	cregam!	degam!	digam!	fagam!
2. Ps. Pl.:	cresètz!	devètz!	digatz!	facètz!
verneinend:				
Sg.:	cregas pas!	degas pas!	digas pas!	fagas pas!
1. Ps. Pl.:	cregam pas!	degam pas!	digam pas!	fagam pas!
2. Ps. Pl.:	cregatz pas!	degatz pas!	digatz pas!	fagatz pas!

	prendre	*veire*	*venir*
affirmativ:			
Sg.:	pren!	veja!	veni!
1. Ps. Pl.:	prengam!	vejam!	vengam!
2. Ps. Pl.:	prenètz!	vejatz!	venètz!

verneinend:

Sg.:	prengas pas!	vejas pas!	vengas pas!
1. Ps. Pl.:	prengam pas!	vejam pas!	vengam pas!
2. Ps. Pl.:	prengatz pas!	vejatz pas!	vengatz pas!

Eine im Okzitanischen sehr gebräuchliche Imperativbildung erfolgt mit cal ("es ist nötig"), dabei in zwei Varianten:

Te cal parlar ambe lo proprietari de l'ostal.	beide: "Du mußt mit dem
Cal que parles ambe lo proprietari de l'ostal.	Hausbesitzer sprechen."

3.3.3. Die Wochentage (los jorns de la setmana)

Die Bezeichnung der Wochentage ist mehrheitlich aus lateinischen Komposita entstanden, wobei die Silbenfolge im Vergleich zum Französischen umgekehrt ist:

diluns, m.	Montag (aus *die Luni-s* = Tag des Mondes)
dimars, m.	Dienstag (aus *die Martis* = Tag des Mars)
dimècres, m.	Mittwoch (aus *die Mercori(i)-s* = Tag des Merkur)
dijòus, m.	Donnerstag (aus *die Jovis* = Tag des Jupiter)
divendres, m.	Freitag (aus *die Veneris* = Tag der Venus)
dissabte, m.	Samstag (aus *die Sabbati* = Sabbat)
dimenge, m.	Sonntag (aus *die Dominico* = Tag des Herrn)

3.3.4. Die Jahreszeiten (las sasons)

la prima	Frühling	l'auton, m.	Herbst
l'estiu, m.	Sommer	l'ivèrn, m.	Winter

3.3.5. Die Monate (los meses)

genièr, m.	Januar	julhet, m.	Juli
febrièr, m.	Februar	agost, m.	August
març, m.	März	setembre, m.	September
abrial, m.	April	octobre, m.	Oktober
mai, m.	Mai	novembre, m.	November
junh, m.	Juni	decembre, m.	Dezember

3.3.6. Datum (la data)

Zur Bezeichnung des Datums setzt man die Präposition de vor den Namen des Monats und die Jahreszahl.

Bsp.:

Lo primièr d'abrial de 1998 tomba un dimècres.	"Der 1. April 1998 fällt auf einen Mittwoch."
Vièna, lo 21 de decembre de 2001	"Wien, den 21. Dezember 2001"

3.3.7. Zeiteinheiten

Im Okzitanischen besteht nicht nur die Möglichkeit, Zeiteinheiten lexikalisch zu bezeichnen, sondern, stärker noch als im Französischen, sie mit Blick auf ihren Verlauf bzw. ihre Gesamtheit zu bestimmen:

l'an, m.	das Jahr	l'annada, f.	das Jahr in seinem Verlauf, das ganze Jahr
lo jorn	der Tag	la jornada	der Tag in seinem Verlauf
lo matin	der Morgen	la matinada	der Morgen in seinem Verlauf
lo vèspre	der Nachmittag, der Abend	la vesprada	der Nachmittag, der Abend in seinem Verlauf
lo dimenge	der Sonntag	la dimenjada	das Wochenende
lo mes	der Monat	la mesada	der Monat in seinem Verlauf

Bsp.:

Avem discutit tota la vesprada.	"Wir haben den ganzen Abend hindurch diskutiert."
Aimariái passar la dimenjada a la montanha.	"Ich würde das Wochenende gerne in den Bergen verbringen."

3.3.8. Steigerungsformen (lo comparatiu)

Der **Komparativ** wird im Okzitanischen mit mai/plus...que und mens...que ausgedrückt.
Bsp.:

Marcèl es mai ric que Felip.	"Marcel ist reicher als Phillip."
Mas bòtas son mens crassosas que las tiás.	"Meine Stiefel sind weniger schmutzig als deine."

Gleichwertigkeit wird mit tan(t)...coma ausgedrückt (tant...coma vor vokalisch und tan...coma vor konsonantisch anlautenden Adjektiven und Adverbien).
Bsp.:

Jaumeta es tant intelligenta coma sa sòrre.	"Jaumeta ist genauso klug wie ihre Schwester."

Der **Superlativ** wird aus dem Komparativ + vorangestelltem bestimmtem Artikel gebildet.
Bsp.:

Aquò's la mai polida de las carrièras de Tolosa.	"Dies ist die schönste Straße von Toulouse."

Bezieht sich der Superlativ auf ein Nomen, das bereits mit vorangestelltem Artikel genannt worden ist, so fällt der sonst übliche bestimmte Artikel vor dem Superlativ fort.
Bsp.:

Avètz l'ostal mai polit de tota la vila.	"Ihr habt das schönste Haus der ganzen Stadt."

einige unregelmäßige Steigerungsformen:

bon / melhor / lo, la melhor	"gut/besser/am besten; der, die, das beste"
mal / pièger / lo, la pièger	"schlecht/schlechter/am schlechtesten; der, die, das schlechteste"
grand / màger, major / lo, la major lo, la mai grand(a)	"groß/größer/am größten; der, die, das größte"
pichon / mendre / lo, la mendre lo, la mai pichon(a)	"klein/kleiner/am kleinsten; der, die, das kleinste"
naut / superior / lo, la superior(a) lo, la mai naut(a)	"hoch/höher/am höchsten; der, die, das höchste"
bas / inferior / l'inferior(a) lo, la mai bas(sa)	"tief/tiefer/am tiefsten; der, die, das tiefste"

Bei adverbialem Gebrauch des Superlativs fällt der vorangestellte best. Artikel fort.
Bsp.:

Es ela que melhor canta.	"Sie ist es, die am besten singt."

Der **Elativ**, d.h. der Superlativ ohne Vergleich, kann auf verschiedene Weise ausgedrückt werden:

a) durch die Adverbien <u>plan</u> oder <u>fòrça</u> (=sehr):

La fèsta *es plan/fòrça* gaujosa.	"Das Fest ist sehr fröhlich."

b) durch das Präfix <u>subre</u>:

La catedrala de Sant Estève es *subre*granda.	"Der Stephansdom ist sehr groß."

c) durch <u>Wiederholen des Adjektivs</u>:

Lo gatonet blanc es *polit polit.*	"Das weiße Kätzchen ist sehr hübsch."

d) durch <u>verschiedene Wendungen</u>:

Lo gatonet blanc es polit *que non sabi.*	"... so hüsch wie ich sonst keines kenne."
... es *mai que mai* polit.	"... ist über alle Maßen hübsch."

3.4. Anmerkungen

1) Das *cassolet* leitet sich her von *cassòla*, der okz. Bezeichnung für einen irdenen Topf.

2) Für diejenigen, denen das Caçoulet-Rezept Appetit auf mehr gemacht hat, hier ein weiteres, typisch okzitanisches Gericht:

Gigòt farcit

Mit Pilzen gefüllte Lammkeule auf frischen Thymiankartoffeln

Rezept für 8 Personen (Zubereitungsdauer: 1½ Stunden)

Zutaten:
1 Lammkeule von 1,8 kg, 1 Teelöffel Erdnußöl
für die Füllung:
250 gr Pilze (vorzugsweise Waldpilze), 50 gr magerer Räucherspeck, 1 Fenchelherz von 100 gr, 30 gr Petersilie und Kerbel kleingeschnitten und vermischt, 30 gr Brotkrümel (keine Kruste), 1 Knoblauchzehe, 2 Messerspitzen Thymian, 3 Messerspitzen Mußkatnuß, 20 gr Butter, Salz, Pfeffer
für die Kartoffeln:
1,7 kg Kartoffeln, 1 Knoblauchzehe, ½ Teelöffel Thymian, 80 gr Butter, Salz
Zubereitung:
Lassen Sie sich von Ihrem Metzger den Knochen aus der Lammkeule auslösen! Bereiten Sie die Füllung wie folgt vor: den mageren Speck hacken; den Fuß der Pilze entfernen, diese anschließend kurz unter kaltem Wasser abwaschen, gut abtropfen lassen und, ebenso wie den Fenchel, kleinschneiden; in einer Schmorpfanne die Butter schmelzen lassen und den Speck ca. 2 Minuten lang glasig anbraten, dabei ständig bewegen; den kleingeschnittenen Fenchel hinzufügen und das Ganze zugedeckt 2 weitere Minuten braten lassen; nun Pilze, Petersilie, Kerbel, Thymian, Muskat, Salz und Pfeffer hinzuzugeben und alles halb zugedeckt solange schmoren lassen, bis der Fenchel weich geworden und keine Flüssigkeit mehr in der Pfanne ist; Pfanne vom Herd nehmen, das zerbröselte Brot und die passierte Knoblauchzehe hinzugeben und alles vermengen.

Geben Sie nun die vorbereitete Füllung in die Lammkeule und binden diese mit einem Baumwollfaden zu; ölen, salzen und pfeffern; den Backofen (Stärke 8-9) erhitzen; Kartoffeln schälen, waschen und trocknen; anschließend in schmale Scheiben schneiden; in einer Back- oder Auflaufform Butter schmelzen; Thymian und zerpreßte Knoblauchzehe hinzugeben, dann die Kartoffelscheiben, die in der Butter gewendet werden; anschließend die Oberfläche ausgleichen; auf dieses Bett aus Kartoffeln die Keule legen, mit der Rundung nach unten; in den vorgeheizten Ofen schieben und 30 Minuten backen, dann die Keule wenden und weitere 25 Minuten garen lassen; Ofen abschalten und 10 Minuten ruhen lassen; die Lammkeule in Scheiben schneiden und zusammen mit den Kartoffeln servieren, wahlweise mit feinen grünen Erbsen garnieren.

3.5. Übungen

1) *Bitte übersetzen bzw. verbinden Sie die folgenden Sätze, Satz a-d unter Verwendung der Kombination* Personalpronomen + cal + Infinitiv, *Satz e-g unter Verwendung von* cal que + subjonctiu present

a) /Ich muß ... / ... (far) mon trabalh.
b) /Du sollst nicht ... / ... (far) tombar quicòm.
c) /Wir müssen ... / ... (quitar) lo capèl.
d) /Ihr müßt ... / ... (abocinar) la carnsalada.

e) /Er muß ... / ... (parlar) ambe lo menaire.
f) /Sie muß ... / ... (venir) lèu.
g) /Sie sollen nicht ... / ... (arribar) abans nòu oras.

2) *Bilden Sie zu den in Übung 1 vorkommenden Verben alle affirmativen und verneinten Imperativformen!*

3) *Bitte übersetzen Sie:*
a) Es ist besser, wenn du den Text noch einmal liest.
b) Ich habe Angst, daß die Freunde mein Caçoulet nicht essen wollen.
c) Der 4. Februar 2002 fällt auf einen Montag.
d) Wenn sie mich gefragt hätten, hätte ich ihnen sagen können, daß das Theater heute geschlossen ist.
e) Ich habe sehr sehr großen Hunger.

4) *Sprechen Sie (wahlweise zu zweit) folgenden Dialog mit seinen Varianten und achten Sie vor allem auf die richtige Verwendung der Steigerungsformen:*

vendeire,-a: *(Verkäufer,-in)*

client,-a: *(Kunde, Kundin):*

Cèrqui un capèl **polit**.
(Ich suche einen hübschen Hut.)

Cossí lo tròba aqueste?
(Wie gefällt Ihnen dieser?)

N'avètz pas de **mai polit**?
(Haben Sie keinen hübscheren?)

Ailà dins la vitrina n'avèm un autre.
(Dort im Schaufenster haben wir einen anderen.)

Va plan! Lo preni. Es **lo mai polit**.
(In Ordnung. Den nehme ich. Es ist der hübscheste.)

dasselbe mit:

un libre interessant	ein interessantes Buch
un lièch mofle	ein weiches Bett
una autò rapida	ein schnelles Auto
una saca granda	eine große Tasche
un bon vin	ein guter Wein
un vièlh relòtge	eine alte Uhr

4. Lektion

4.1. Text: *De vent dins las velas*

Las carrièras èran vuèjas. Res que qualques fanals esclairavan la nuèch de la vila. Pèire-Joan coneissiá tant lo camin, qu'auriá pogut anar a palpas fins a l'ostal. Dempuèi sa sortida del cinèma, aviá pas crosat degun. Los espectators s'èran lèu esparpalhats a travèrs las ronfladas del vent. Quand lo mistral bufa, a mièjanuèch, fa las plaças netas. Pèire-Joan trobava al còp gostós e un pauc tristonet d'èstre sol. Virèt a drecha après los cinèmas, endralhèt la carrièra pedonièra clafida de botigas, copèt pel quartièr dels atalhièrs ont se sentissiá l'odor de la fusta, e pleguèt l'esquina, cara al vent, de long de l'avenguda. Arribèt sus l'esplanada, correguèt entre las platanas, braces dobèrts, camisa badanta, per esquichar lo vent a plen de fòrça, sentir sa butada e sa careça.
Puèi s'assetèt sus un banc. Aquel grand diable de vent, que se n'anava tot nus e tot crus de per lo mond, deviá ne'n veire e ne'n conéisser... Pèire-Joan sabiá pas se lo pichòt tristum que sentissiá èra aquel del vent, o ben s'èra lo sieu que lo vent desrevelhava.

(Die Fontaine des Trois Grâces/*Montpellier, aus: Languedoc-Roussillon, München: Bucher 1997)*

Al sòl, a l'entorn dels pecols verds del banc, revolumavan las primièras fuèlhas jaunas tombants de las platanas. La mièja de setembre se sarrava. D'aquí qualques jorns, las vendémias. Pel primièr còp, l'auton marcava pas lo retorn a çò conegut. En plaça de la resignacion de retrobar la classa, mesclada a l'espèra de reveire los collègas, luòga de la pichòta malanconiá de fin de vacanças, sentissiá una paur. Finida, la vida d'escolan. Trobar quicòm a far. E ren se mostrava. Son pitre se quichava. S'aviá pogut aver la libertat del vent, lo rire masc, lo còs passamuralhas, sens res deure a degun! Mas las galipetas del mistral, deviás lèu te n'alassar. Tot ben comptat, tant valiá èstre Pèire-Joan ambe totes sos pensaments, mas que sabiá tirar de plans.

(aus: Roland Pecot, *L'envòl de la Tartana*, Montpellier: Centre Régional de Documentation Pédagogique 1986)

4.2. Vokabeln

lo vent	der Wind
la vela	die Locke, das Haar, das Segel
la carrièra	die Straße
vuèg, -ega	leer
res que	nur
lo fanal	die Laterne, der Scheinwerfer
esclairar	erhellen
la vila	die Stadt
conéisser	kennen
a palpas	blindlings
fins a	bis, bis nach, bis zu
dempuèi	seit
la sortida	der Ausgang
lo cinèma	das Kino
crosar	durchkreuzen, begegnen
l'espectator, m.	der Zuschauer
esparpalhar	ver-/zerstreuen
a travèrs	quer durch, über etwas
la ronflada del vent	die Windböe
(lo) mistral	der Mistral: heftiger, meist trockener und kalter Fallwind aus nördlicher Richtung
bufar	blasen, wehen, pusten
la plaça	der Platz
net, -a	sauber, rein
al còp	zugleich, gleichmaßen
gostós, -osta	schmackhaft, köstlich
trist, -a	traurig
un pauc tristonet	ein kleines bißchen traurig
virar	wenden, drehen
endralhar	durchqueren
la carrièra pedonièra	die Fußgängerzone
cla(u)fir	vollstopfen, anfüllen
la botiga	der Laden
copar	schneiden, unterbrechen, hier: durchqueren
lo quartièr	das (Stadt-)Viertel
l'atalhièr, m.	die Werkstatt, das Atelier
l'odor, m.	der Geruch, der Duft
la fusta	das Bauholz, der Balken
plegar	zusammenfalten, knicken, beugen
l'esquina, f.	der Rücken, das Rückgrat, das Kreuz
la cara	das Gesicht
de long	entlang
l'avenguda, f.	die Allee
arribar	ankommen, eintreffen
córrer	laufen, auch: gehen
la platana	die Platane
lo braç	der Arm
dobèrt, -erta	offen, geöffnet
la camisa	das Hemd
badant, -a	weit offen
esquichar	pressen, drücken
la fòrça	die Kraft, die Stärke
butar	schieben, stoßen, drücken
la butada	der Stoß, der Schub, der Druck
la careça	das Streicheln, die Liebkosung
s'assetar	sich setzen
lo banc	die Bank
crus, -a	roh
lo tristum	der Anflug von Trauer
desrevelhar	aufwecken, hervorrufen
lo sòl	der Boden
a l'entorn de	um herum
lo pecol	der (Möbel-)Fuß, das (Möbel-)Bein
revolumar	wirbeln

la fuèlha	das Blatt
jaune, -na	gelb
se sarrar	zusammendrücken, absperren, anziehen, herannahen
las vendémias	die Weinernte
marcar	kennzeichnen, anzeigen, bestimmen
lo retorn	die Rückkehr
mesclar	mischen, vermischen
l'espèra, f.	die Hoffnung, die Erwartung
reveire	wiedersehen
lo/la collèga	der Kollege/ die Kollegin
luòga de/ al lòc de	statt, anstatt
la paur	die Angst, die Furcht
finir	beenden, vollenden
quicòm	etwas
se mostrar	sich zeigen, sich blicken lassen

lo pitre	die Brust
se quichar	sich zusammenziehen
la libertat	die Freiheit
lo masc	der Zauberer
lo còs	der Körper
ren/res	nichts
degun	niemand
la muralha	die Mauer
la galipeta	die Gefräßigkeit, die Maßlosigkeit
alassar	ermüden, langweilen
valer	wert sein, gelten
lo pensament/ lo pessament	die Sorge, der Kummer
mas que	mehr als
lo plan	der Plan, der Entwurf
envolar	fortfliegen, abfliegen
l'envòl, m.	der Abflug

4.3. Grammatik

4.3.1. Konjunktionen (las conjoncions)

Das Okzitanische unterscheidet zwischen beiordnenden (koordinierenden) und unterordnenden (subordinierenden) Konjunktionen:

Die wichtigsten beiordnenden Konjunktionen sind:
- kopulative (sie geben eine Verbindung bzw. Aneinanderreihung an):
  - e "und"
  - e mai "und auch"
- disjunktive (sie bezeichnen Dinge, die sich ausschließen, jedoch syntaktisch eine Einheit bilden):
  - ni... ni, ni... mai "weder... noch"
- alternative (sie lassen die Wahl zwischen zwei Möglichkeiten):
  - ara... ara "bald... bald"
  - siá... siá "entweder... oder"
- kontinuative (sie bezeichnen ein fortdauerndes bzw. durchlaufendes Geschehen):
  - mai "und außerdem"
  - encara "noch"
  - encara mai "noch dazu"

- konzessive (sie räumen etwas ein):
  çaquelà, pasmens, pr'aquò, per aquò "gleichwohl, hingegen"
- konsekutive (sie geben eine Folge an):
  donc, doncas, adonc "also"
  tanben, aitanben "auch"
  mas "aber"
- adversative (sie kennzeichnen einen Gegensatz):
  puslèu "eher"
  si que non, sinon "wenn nicht, sonst"

Bsp.:

Siá nos donaràn un melhor salari siá caumarem. "Entweder sie zahlen uns einen besseren Lohn oder wir streiken."

Nos cal donar un melhor salari, si que non caumarem. "Man muß uns einen besseren Lohn zahlen, sonst streiken wir."

Bei den unterordnenden Konjunktionen gilt zu unterscheiden, ob sie mit dem Indikativ oder dem Konjunktiv stehen.

- mit dem Indikativ stehen
  kausale Konjunktionen: per çò que, perque, per tant que, pr'amor que, a causa que "weil"
  Bsp.:
  Los occitans sabon pauc de l'istòria de lor lenga, perque a l'escòla publica ne parlan pas gaire. "Die Okzitanen wissen wenig über die Geschichte ihrer Sprache, weil in der öffentlichen Schule kaum darüber gesprochen wird."

- mit dem Konjunktiv stehen
  finale Konjunktionen: a fin que/de, per fin que/de, per tal que/de, per amor que/de "damit"
  konzessive K.: encara que, e mai que, malgrat que, per tant que "obwohl"
  konditionale K.: mas que, mai que, a condicion que, "vorausgesetzt, daß"
  sens que "ohne daß"
  Bsp.:
  Manja pro per tal d'èsser lèu garit! "Iß genug, damit du rasch wieder gesund wirst!"

  Los dròlles son anats a la pesca malgrat qu'a la radiò s'anoncièsse una tempèsta. "Die Jungen sind zum Fischen gegangen, obwohl sie am Radio einen Sturm angekündigt haben."

4.3.2. Präpositionen (preposicions)

Die wichtigsten unbetonten okzitanischen Präpositionen sind uns schon in den verschiedenen Texten begegnet:

a	"in, nach, zu, bei"
ambe	"mit"
de	"von, aus, mit, für, vor, nach, wegen"
en	"in, nach, bei, während"
per	"durch, für, als, damit"

Die Präposition de ist im Okzitanischen sehr gebräuchlich und wird auch dort verwendet, wo etwa im Französischen eine andere benutzt wird:

okz.	frz.	dt.
una maquina **d'**escriure	une machine **à** écrire	eine Schreibmaschine
la femna **dels** cabels negres	la femme **aux** cheveux noirs	die Frau mit den schwarzen Haaren
es **de** bon faire	c'est facile **à** faire	das ist leicht zu machen
trabalhar **de** menaire	travailler **comme** chauffeur	als Chauffeur arbeiten

In Verbindung mit de bzw. a lassen sich präpositionale Wendungen bilden. Einige wichtige sind:

abans de	"vor"
Abans d'anar al lièch aimi legir un bricon.	"Vor dem Schlafengehen lese ich gerne ein bißchen."
a causa de	"wegen, aufgrund"
A causa de la crisi economica lo mond estàlvian al lòc de merçar l'argent.	"Wegen der Wirtschaftskrise sparen die Leute, statt ihr Geld auszugeben."
per tal de	"damit"
Per tal de comprene sa reaccion cal conéisser sa biografia.	"Um seine Reaktion zu verstehen, muß man seine Biographie kennen."
a fòrça de	"durch viel"
A fòrça de far d'exercici ai perdut de pes.	"Durch viel Bewegung habe ich an Gewicht verloren."
al costat de	"neben"
Al costat d'aqueste òme soi un nanet.	"Neben diesem Menschen bin ich ein Zwerg."
de mercés a, mercés a, gràcias a	"dank"
Ai capitat mercés a ton ajuda.	"Dank deiner Hilfe habe ich es geschafft."

Weitere vielbenutzte Präpositionen sind (neben den oben angeführten Orts-, Zeit- und Modaladverbien) die folgenden:

malgrat	"trotz"
Malgrat aquel temps de diable èra venguda.	"Trotz dieses Hundewetters war sie gekommen."
exceptat, a l'excepcion de, fòra, levat, tirat, part, sonque	"außer"
Tirat ma sòrre i a pas degun que m'a escrich.	"Außer meiner Schwester hat mir niemand geschrieben."
segon, seguent	"gemäß"
Segon lo vejaire public mantes deputats son pas que de tòcamanetas.	"Nach Meinung der Öffentlichkeit sind viele Abgeordnete nur Händeschüttler.'
sens(e)	"ohne"
Sens ton ajuda i serái pas arribat.	"Ohne deine Hilfe hätte es ich nicht geschafft."
sus, dessús, subre, sobre	"auf"
Un lausert s'es ajocat sus la muralha.	"Eine Smaragdeidechse hat sich auf die Mauer gesetzt."

4.3.3. Syntax (sintaxi)

Grundsätzlich folgt die okzitanische Syntax wie die der meisten romanischen Sprachen dem Schema Subjekt-Prädikat-Objekt. Ein stärker synthetischer Sprachaufbau, begründet vor allem in einem differenzierten Konjugationssystem (hierin ist das Okzitanische dem Latein etwas näher geblieben als das stärker analytisch aufgebaute Französisch[9]) erlaubt ihm zugleich eine gewisse Beweglichkeit im Satzbau.

4.3.3.1. Aussagesatz (la frasa enonciativa)

Der Aussagesatz als die häufigste Form einer sprachlichen Äußerung besteht in seiner einfachsten Bauweise aus einer Nominalphrase (Subjekt) und einer Verbalphrase (Prädikat). Die Verbalphrase wiederum kann aus dem Verb alleine (Mistral *bufa.* "Der Mistral bläst."), Verb + prädikative Ergänzung (Jaumeta *es malauta.* "Jacqueline ist krank."), Verb + Objekt (Felip *recita un poèma.* "Philipp rezitiert ein Gedicht.") oder Verb + Objekt + prädikative Ergänzung (La mèstra *explica la gramatica coma cal.* "Die Lehrerin erklärt die Grammatik sehr gut.") bestehen. Solange es sich um bejahende Aussagesätze handelt, in denen kein

[9] Die sich vor allem an der Flexion (Konjugation, Deklination, Komparation) orientierende Unterscheidung zwischen analytischen (=zerlegenden) und synthetischen (=affigierenden) Sprachen stammt von August Wilhelm Schlegel.

Element besonders betont werden soll, ist die Reihenfolge S-P-O/prädikative Ergänzung.

Wo dem einfachen Aussagesatz adverbiale Bestimmungen (des Ortes, der Zeit oder der Art und Weise) hingefügt werden, rücken sie in der Regel an den Anfang oder ans Ende des Satzes.

Bsp.:

Los dròlles seràn dintrats a nòu oras. *oder:* A nòu oras los dròlles seràn dintrats.	"Um neun Uhr werden die Kinder zurück sein."
A causa del maissant temps avèm pas pogut venir dimenge passat.	"Wegen des schlechten Wetters konnten wir am letzten Sonntag nicht kommen."

Wo das Verb sowohl mit dem direkten als auch mit dem indirekten Objekt verbunden ist, steht bei nominalem Subjekt in der Regel zunächst das direkte und dann das indirekte Objekt (aber auch der umgekehrte Fall ist gebräuchlich).

Bsp.:

La mèstra explica la gramatica als escolans.	"Die Lehrerin erklärt den Schülern die Grammatik."[10]
Lo garçon servís lo gigòt farcit a Magalí e a Robèrt.	"Der Ober serviert Magali und Robert die gefüllte Lammkeule."

Umgedreht wird die Reihenfolge, wenn das direkte Objekt deutlich länger als das indirekte ist.

Bsp.:

Lo garçon serviguèt a Magalí e a Robert lo gigòt mai chucós qu'avían jamai manjat.	"Der Ober servierte Magali und Robert die saftigste Lammkeule, die sie jemals gegessen haben."

Werden direktes oder indirektes Objekt pronominal ausgedrückt, so wird dieses Pronomen von Subjekt und Prädikat in die Mitte genommen.

Bsp.:

La mèstra lor explica la gramatica.	"Die Lehrerin erklärt ihnen die Grammatik."
La mèstra l'explica als escolans.	"Die Lehrerin erklärt sie den Schülern."
Lo garçon lor servís lo gigòt farcit.	"Der Kellner serviert ihnen die gefüllte Lammkeule."
Lo garçon lo serviguèt a Magalí e a Robèrt.	"Der Kellner serviert sie Magali und Robert."

---

[10] Im Deutschen ist die Reihenfolge eher umgekehrt, also erst indirektes, dann direktes Objekt.

Wenn beide Objekte pronominal ausgedrückt werden, werden sie ebenfalls von Subjekt und Prädikat eingerahmt, wobei ihre Reihenfolge weitgehend frei ist, wenngleich eine Präferenz zur Erststellung des direkten Objekts besteht.
Bsp.:

La mèstra la lor explica.	"Die Lehrerin erklärt sie ihnen."
Lo garçon lo lor servís.	"Der Kellner serviert sie ihnen."

Vor allem im gesprochenen Okzitanisch sehr verbreitet ist die Tendenz der Satzsegmentierung, bei der zum Zwecke der Hervorhebung ein Satzelement aus der normalen Gliederung S-P-O herausgenommen, dem Satz vorangestellt und in der Folge noch einmal durch ein Pronomen ausgedrückt wird (Thema-Rhema-Folge); des weiteren besteht die Möglichkeit, es so an den Satz anzuhängen, daß ihm das eigene Pronomen vorausgeht (Rhema-Thema-Folge)
Bsp.:

Aquestes camparòls los ai amassats ieu.	"Diese Pilze habe ich selbst gesammelt."
Malaürosament me la soi oblidada, la guitarra.	"Leider habe ich sie vergessen, meine Gitarre."

Eine andere Form der Hervorhebung erfolgt über die Verwendung sogenannter Präsentative. Sie stehen am Satzanfang und können zusammen mit dem folgenden (Pro-)Nomen oder einer Nominalgruppe einen eigenen Satz bilden oder aber als Einführungssignale die folgende Satzaussage ankündigen und unterstreichen. Besonders gebräuchliche Präsentative sind (v)aquí, i a und aquò's.
Bsp.:

Aquí-lo! D'ont pòt venir tan tard!	"Da ist er! Wo kann er so spät herkommen?"
I a qualqu'un que te demanda al telefòn.	"Da ist jemand, der dich am Telephon sprechen möchte."
Aquò s'apèla parlar l' occitan coma cal.	"Das nennt man gut Okzitanisch sprechen."

4.3.3.2. Fragesatz (la frasa interrogativa)

Das Okzitanische kennt verschiedene Arten der Fragebildung:

a) mittels Inversion, bei der das Prädikat dem Subjekt vorangestellt wird (häufigste Form der Fragebildung):

Es acabada, la leiçon?	"Ist die Lektion zu Ende?"
O an manjat tot, los dròlles?	"Haben die Kinder alles gegessen?"

b) mittels Intonationsfrage, die sich durch ihre typische Stimmführung (steigende Tonhöhe am Satzende) vom Aussagesatz unterscheidet:

Vòlon pas venir ambe nosautres?	"Wollen sie nicht mit uns kommen?"
As fach aqueste trabalh tot sol?	"Hast du diese Arbeit ganz alleine gemacht?"
An perdut tot l'argent?	"Haben sie das ganze Geld verloren?"

c) durch den Gebrauch verschiedener Fragewörter wie

qui/quin(a)/qual(a)?	für die Frage nach Personen als Subjekt und als Objekt
que?	für die Frage nach Dingen als Subjekt und Objekt
quant?	"wieviel?" invariabel oder variabel als
quant(es), quanta(s)?	in beiden Varianten alleinstehehend oder mit der Präposition *de*
quora?	"wann?"
perqué?	"warum?"
ont?	"wo?"

Bsp.:

Qual sap l'ora?	"Wer weiß, wie spät es ist?"
Que vòls?	"Was willst du?"
Quant de temps avètz passat a Bordèu?	"Wieviel Zeit habt ihr/haben Sie in Bordeaux verbracht?"
Quora comença la partida de rubí?	"Wann beginnt das Rugbyspiel?"
Perqué sès pas vengut a ma fèsta?	"Warum bist du nicht zu meinem Fest gekommen?"
Ont es anada la pichoneta?	"Wo ist die Kleine hingegangen?"

4.3.3.3. Nebensätze (las frasas subordonadas)

Nebensätze können im Okzitanischen infinitivisch oder konjunktional gebildet werden:

a) Infinitivische Konstruktionen verlangen die Verwendung von Verben, die Hilfsverbfunktionen übernehmen (können).

Bsp.:

La costuma li comanda de lavar la siá veitura cada dissabte.	"Die Gewohnheit bringt ihn dazu, sein Auto jeden Samstag zu waschen."

Dank dieser Verben lassen sich zugleich Konstruktionen mit que + (in der Regel) subjonctiu bilden.

Bsp.:

La costuma li comanda que lave la siá veitura cada dissabte.

Überhaupt zeigt das Okzitanische eine ausgeprägte Tendenz zur Bildung von Nebensatzkonstruktionen mit dem subjonctiu. Bei der Wahl zwischen *Diga-li de venir!* und *Diga-li que venga!* ("Sag ihm/ihr, daß er/sie kommen soll!") fällt die Wahl meist auf die zweite Form. Dies gilt besonders für den subjonctiu imperfach. Während der Französischsprecher diesem systematisch ausweicht und *Ils leur dirent de venir* sagt, ist im Okzitanischen die Form *Lor diguèron que venguèssen* sehr gebräuchlich.

b) Beispiele für konjunktionale Nebensätze:

Anèt al trabalh e pr'aquò èra malaut.	"Er ging zur Arbeit, obwohl er krank war."
De tant qu'èra vièlh, èra pelblanc.	"Er war so alt, daß er weiße Haare hatte."

Relativsätze

Relativsätze werden im Okzitanischen vor allem auf zwei Arten konstruiert:

a) mit Hilfe der Relativpronomen que, qui, qual, lo qual, la quala und ont (s.o.).

Bsp.:

Coneissi pas la femna que ne parlas.	"Ich kenne die Frau nicht, von der du sprichst."
As pas vist lo film de que ne parlan totes los jornals?	"Hast du den Film, von dem alle Zeitungen sprechen, nicht gesehen?"

b) mittels Konstruktionen, bei denen que durch ein Objekt- ein Adverbial- oder ein Possessivpronomen ergänzt wird.

Bsp.:

Vendrà un òme que li donaràs aquel paqueton.	"Ein Mann wird kommen, dem du dieses Päckchen geben wirst."
Rescontrèri Pèire, que son fraire jòga dins la còla de rubí de Besièrs.	"Ich traf Peter, dessen Bruder in der Rugbymannschaft von Béziers spielt."
Passèri las vacanças dins una vila, que i aviá un castèl.	"Ich verbrachte die Ferien in einer Stadt, in der es eine Burg gab."

4.4. Anmerkungen (zur Syntax)

1) Was die Verwendung der betonten und der unbetonten Possessivbegleiter angeht, so ist sie in den einzelnen Dialekten des Okzitanischen unterschiedlich: während im Languedokischen und dem unser Methode zugrundeliegenden Referenzokzitanischen ebenso wie im Provenzalischen die unbetonte Variante

dominiert, finden wir im Zentralmassiv und in der Gaskogne eine deutliche Bevorzugung der betonten Variante.

Ein Phänomen, das wir im gesamten okz. Sprachraum antreffen, ist die Ersetzung des Possessivums durch verschiedene Wendungen, etwa bestimmter Artikel – Nomen - (vor- oder nachgestelltes) Personalpronomen oder Artikel - Nomen - Relativsatz. So findet man etwa statt

Ai oblidada ma pòcha. "Ich habe meine Tasche vergessen."

die Formulierung

Me la soi oblidada la pòcha.

oder anstelle von

Tos dròlles sont plan valents. "Deine Söhne sind sehr fleißig."

den Satz

As los dròlles que son plan valents.

2) Que ist im Okzitanischen ein Multifunktionswort. Es kann nicht nur in verschiedenster Funktion als Relativpronomen benutzt werden (s.o.), sondern auch das Ortsadverb ont "wo" ersetzen. Ein Beispiel aus dem Text der 3. Lektion:

L'acrina que sèm. "Die Bergspitze, auf der (wo) wir uns befinden."
statt: L'acrina ont sèm.

Des weiteren kann es anstelle der Konjunktion perque, per çò que, pr'amor "weil" stehen.

Bsp.:

Vendrem pas que plòu. "Wir werden nicht kommen, weil es regnet."

3) Die Bildung der verneinenden Form des Imperativs mit Hilfe des subjonctiu ist eine deutliche Orientierung am klassischen Latein, in dem das Verbot stets konjunktivisch ausgedrückt wurde.

4.5 Übungen

1) *Bitte übersetzen Sie:*

a) Wir leben alle unter demselben Dach. (das Dach – la teulada/lo teulat)

b) Ich fahre zu meinem Bruder nach Berlin.

c) Um zum Bahnhof zu gelangen, folgen Sie dieser Straße bis zu einer Kirche und biegen dann nach links ab.

d) Meiner Meinung nach sind viele Politiker nur Händeschüttler.

e) Wegen des schlechten Wetters mußte das Rugbyspiel auf Samstag kommender Woche verschoben werden.

f) Trotz der Nachricht, die ich ihm auf seinem Anrufbeantworter hinterlassen habe, hat er sich nicht bei mir gemeldet. (der Anrufbeantworter – lo respondeire)

2) *Machen Sie mit Hilfe von Konjunktionen aus den folgenden zwei Sätzen jeweils einen:*
   a) Pèire a pas ausit lo revelh [Wecker]. Arriba en retard a l'escòla.
   b) Magalí es malauta. Vòl participar a nòstra escorreguda [Exkursion].
   c) Caldría que ploguèsse pas tant. La vendémia [Weinernte] serà marrida [schlecht].
   d) Se n'anèt. Diguèt pas res.
   e) La sopa es plan gostosa [schmackhaft]. I cal metre fòrça alh [m. - Knoblauch].

3) *Übersetzen Sie bitte die folgenden Fragen:*
   a) Hat der Kleine während der ganzen Fahrt geschlafen?
   b) Findest du dieses Buch interessant?
   c) Wieviele Jahre hast du in Toulouse gelebt?
   d) Wo hat sich das Hündchen vesteckt? (der Hund – lo gos; sich verstecken - s'escondre)

4) *Verbinden Sie die folgenden Satzpaare mit Hilfe des Relativpronomens* que *zu einem Satz:*
   a) Mon paire es un bon jogaire de tennís. A setanta sèt ans.
   b) Ièr anèri al musèu nacional. I aviá una mòstra [f. - Ausstellung] de Breughel.
   c) Ai un collèga de Castèlnòudarri. Sa sòrre fa un cassolet saborós [schmackhaft] que non sabi.
   d) Sonarà una amiga. Li donaràs aquesta novèla [Nachricht]

5) *Bitte übersetzen Sie und verbinden Sie dabei den einleitenden Hauptsatz mit den anschließenden Relativsätzen:*
   Es gibt einen Schriftsteller...
   a) ... dessen Lektüre mich immer fasziniert hat.
   b) ... von dessen Ideen ich beeinflußt bin.
   c) ... über dessen Bücher ich stundenlang diskutieren könnte.
   d) ... der mein Interesse für die asiatische Welt geweckt hat.
   e) ... mit dem ich die Leidenschaft für den brasilianischen Karneval teile. (teilen - partejar)

6) *Geben Sie bitte schriftlich Antwort auf folgende Fragen zum Text:*
   a) D'ont sortís Pèire-Joan?
   a) I a pas tròp de mond per las carrièras e sus las plaças. Perqué?
   c) Qual camin Pèire-Joan pren per tornar a l'ostal?
   d) Perqué l'auton marca pas lo retorn de çò conegut per Pèire-Joan?

7) *Führen Sie mit sich selbst (oder zu zweit/ zu mehreren) folgendes Verkaufsgespräch auf dem Obst- und Gemüsemarkt durch und verwenden Sie dabei folgende Vokabeln:*

la poma	der Apfel	l'albricòt, m.	die Aprikose
la pera	die Birne	lo melon	die Melone
la persega	der Pfirsich	l'irange, m.	die Orange

lo citron	die Zitrone
la banana	die Banane
la majofa/ la fraga	die Erdbeere
la cerièra	die Kirsche
la pruna	die Pflaume
lo rasim	die Weintraube
la noga	die Walnuß
l'ensalada, f.	der Salat
lo caulet	der Kohl
lo caulet flòri	der Blumenkohl
la pastenaga/ la carròta	die Mohrrübe, die Karotte
la tomata	die Tomate
lo cocombre	die Gurke
la patana/ la trufa	die Kartoffel
la ceba	die Zwiebel
la mongeta	die dicke weiße Bohne

vendeire, -a *(Verkäufer/in)*	**client, -a** *(Kunde/Kundin)*
Adieu-siatz. Que desiratz? *Guten Tag! Sie wünschen?*	
	Per plaser, quant còsta/n lo(s)/la(s)...? *Bitte, was kostet/kosten der/die...?*
Lo quilò/una pèça còsta...francs. *Das Kilo/ein Stück kostet... Francs.*	
	Alavetz, ne preni...E avètz tanben de...? *Also ich nehme.. .davon. Und haben Sie auch... ?*
Oc ben/De segur, e de plan polits/polidas. *Aber ja/Sicherlich, und sehr schöne.* Lo quilò/ la pèça per... francs. *Das Kilo/das Stück für... Francs.*	
	Bon, donatz-me... d'eles/elas! *Gut, geben Sie mir... von ihnen!*
Desiratz quicòm mai? *Haben Sie sonst noch einen Wunsch?*	
	Non, plan mercés, aquò's tot. Quant vos debi? *Nein, das ist alles. Wieviel schulde ich Ihnen?*
Tot ensemble fa/còsta... francs. *Alles zusammen macht... Francs.*	
	Aquí l'argent. Plan mercés e adieu-siatz! *Hier das Geld. Vielen Dank und auf Wiedersehen!*
Al reveire. *Auf Wiedersehen!*	

5. Lektion

5.1. Text: *Narbona*

Dètz ans a! La librariá de Narbona ont aimavi flandrinejar...

Veniá de prene entre sas mans lo libre que Deltelh aviá batejat "Òbras Complètas" a la demanda de son editor. Vestida simplament d'un pantalon e d'una vèsta grisa, relevats pel roge d'un casabec, la cara sens maquilhatge, èra gentilesa, doçor, sòmi. La reconeguèri e l'aviái pas jamai vista. Embelinat, me poguèri pas reténer d'anar vèrs ela.

Rufava las cilhas en legissent los títols dels romans que semblan anonciar un quicòm de gaire galòi.

"Vos daissetz pas enganar pels títols! Coneissi pas un melhor mèstre-en-vida que Josèp."

Me gaitèt, un pauc suspresa que li parlèssi e, en veire que legissiái sas pensadas, me regalèt un sorrire.

(Foto aus: Hübner, Louis Armstrong, *Waakirchen: Oreos 1994)*

"Es unic, incomparable, innocent al sen primièr del mot coma el meteis aimava se definir. D'un costat Deltelh, de l'autre lo demai de la literatura."

Li contèri, afogat, la remiracion que portavi a l'escrivan: fòra seria que n'èri apassionat e que m'aviá literalament embraçat. M'escotava, un risolet als pòts, alegrada per mon estrambòrd maladrech. A mesura que li cridavi mon amor per l'autor de la "Colèra", sentissiái que m'enamoravi d'aquela desconeguda atentiva.

Quant de temps durèt mon plaid?

Me mercegèt e, abans de se n'anar, me diguèt:

"Sètz un aiatallà plan simpatic!"

Lo libre jol braç, sortiguèt de la librariá. Sabiái pas ren sus ela.

Aquela prima ont te cerquèri! Te cerquèri dins la vilassa. Lo jorn dins los jardins, darrèr las fonts, los arbres, suls bancs, dins las botigas, jols sòmis per vendre. La nuèit suls trepadors, dins las carrièras. Te cerquèri a ton trabalh que sabiái pas ont èra. Legiguèri ton nom que coneissiái pas. Te cerquèri al solelh, al bal, als cinemàs... Te cerquèri dins la musica: Armstrong... la plenitud de son buf... son viure, sa joinessa, son gèni per cridar d'una votz cauda, d'una trompeta poderosa, la tripa del sieu èsser prigond...

(aus: Joan-Pau Sibrà, *Lo sòmi roge*, Grelh Roergàs, I.E.O. "A Tots" 1989)

5.2. Vokabeln

dètz ans a	zehn Jahre ist es her
la librariá	der Buchladen
Narbona	Narbonne (okz. Stadt)
flandrinejar	umherschlendern, bummeln
la man	die Hand
Josèp Deltelh	okz. Schriftsteller
batejar	taufen, benennen
l'òbra, f.	das Werk
complèt, -eta	vollständig
l'editor, m.	der Herausgeber, der Verleger
vestir	ankleiden, anziehen
lo pantalon	die Hose
la vèsta	die Jacke
gris, -a	grau
relevar	auf-/hochheben, hier: beleben
roge	rot
lo casabèc	der Spencer, die enganliegende Weste
la cara	das Gesicht
sens	ohne
lo maquilhatge	die Schminke
la gentilesa	die Anmut
la doçor	die Sanftmut, die Freundlichkeit
lo sòmi	der Traum
reconéisser	wiedererkennen
embelinar	verzaubern, entzücken
se reténer	sich zurückhalten
vèrs	gegen, nach, in Richtung auf
rufar	runzeln, in Falten ziehen
la cilha	die Augenbraue
rufar las cilhas	die Stirn runzeln
lo títol	der Titel
anonciar	ankündigen
galar	amüsieren, erfreuen
galòi, -a	unterhaltsam, amüsant
enganar	täuschen, betrügen
lo mèstre	der Meister, der Grundschullehrer
la vida	das Leben
gaitar	anschauen, betrachten
susprene	überraschen, erstaunen
legir	lesen
la pensada	der Gedanke, das Denken
regalar	schenken
sorrire	lächeln
lo sorrire/ la riseta	das Lächeln
unic, -a	einzig(artig)
incomparable	unvergleichlich
innocent, -a	unschuldig
lo sen	der Sinn
meteis	selbst, sogar; lo meteis/la meteissa - der-, dieselbe; el meteis - er selbst
d'un costat ... de l'autre	auf der einen Seite... auf der anderen
lo demai	der Überschuß, der Rest
afogat, -ada	hingerissen, heftig, wild
la remiracion	die Bewunderung
l'escrivan, m.	der Schriftsteller, der Autor
fòra	außerhalb, ausgenommen
fòra seria	außergewöhnlich
apassionat, -ada	leidenschaftlich, hingerissen
literalament	buchstäblich
embraçar	umarmen, küssen, erfassen
escotar	hören, zuhören, lauschen

lo risolet	das leichte Lächeln
lo pòt	die Lippe
alegrar	erfreuen, erheitern
l'estrambòrd, m.	die Begeisterung, der Elan
maladrech, -a	ungeschickt
a mesura que	in dem Maße, in dem
cridar	rufen, zurufen, ausrufen, schreien
la colèra	der Zorn, die Wut
s'enamorar	sich verlieben
desconegut, -uda	unbekannt
atentiu, -iva	aufmerksam
lo plaid	das Plädoyer
mercejar	danken, bedanken
abans	vor (zeitlich)
se n'anar	fortgehen
l'aiatallà, m.	der Ajatollah, geistl. Würdenträger im schiitischen Islam
jol	unter
la vilassa	die häßliche große Stadt
lo jardin	der Garten
la font	die Quelle, der Brunnen
lo trabalh	die Arbeit
lo solelh	die Sonne
lo bal	der Ball, das Fest
la plenitud	die Fülle
lo buf	der Atem, das Blasen
la joinessa	die Jugend, das Jugendalter
lo gèni	das Genie
la votz	die Stimme
caud, -a	heiß
poderós, -osa	mächtig, stark, gewaltig
la tripa	der Darm, die Eingeweide

5.3. Grammatik

5.3.1. Indefinitpronomen (los pronoms indefinits)

Indefinitpronomen (auch: unpersönliche Fürwörter) sind eine Gruppe von Pronomen, die auf nicht näher bestimmte Personen oder Dinge verweisen (so fehlen z.B. Genus- und Numerusangaben). In ihrer Mehrheit können sie sowohl substantivisch als auch adjektivisch verwendet werden:

tot	"alle(r,s), jede(r,s), ganz(er,e,es)"
pauc	"wenig(e), kaum"
tròp	"zuviel(e), zu sehr, allzu"
gaire	"kaum"
fòrça	"viel(e), sehr"
plan	"viel(e), sehr"
mai/pus	"mehr"
mens	"weniger"
pro(n)	"genug, ausreichend"
cap	"kein(e,r), niemand"
res/ren	"nichts, garnichts"
quicòm	"etwas"

Nur substantivisch zu verwenden sind:

òm	man
cadun	jeder, jedermann
qualque	einige, manche, ein paar
qualqu'un	jemand, irgendeine(r)
degun	niemand
cada	jeder, jede, jedes
mantun	manche(r), manch, mehrere
mai d'un	mehr als eine(r)
meteis	der-, die-, dasselbe, der-, die- dasgleiche
tal, un tal	so eine(r), manch(e,r,es)
autre	andere(r,s), sonstige(r,s), weitere(r,s)

5.3.2. Partizip Präsens und Gerundium (participi present e gerondiu)

Partizip Präsens und Gerundium werden im Okzitanischen wie folgt gebildet:

- Anhängen von -ant an den Präsensstamm der Verben der 1. Gruppe (Infintiv auf *-ar*): parlant, trabalhant, cantant
- Anhängen von -issent an den Präsensstamm der Verben der 2. Gruppe (Infinitiv auf *-ir*) des Typs *legir*: legissent
- Anhängen von -ent an den Präsensstamm der Verben der 2. Gruppe (Infinitiv auf *-ir*) des Typs *sentir* sowie der Verben der 3. Gruppe (Infinitiv auf *-re*, *-er*, *-e*): sentent, batent

Die Bildung des Partizip Präsens und des Gerundiums bei häufig benutzten unregelmäßigen Verben:

aver	avent	*poder*	podent
èsser/ èstre	essent	*prene/prendre*	prenent
anar	anant	*saber*	sabent
creire	cresent	*veire*	vesent
deure/ dever	devent	*venir*	venent
dire	disent	*viure*	vivent
far	fasent	*voler*	volent

Funktion:
Das Partizip Präsens existiert in der okzitanischen Umgangssprache nur mehr als Verbaladjektiv und -substantiv bzw. in tradierten Ausdrücken bzw. Wendungen (jòc sabent - "geistreiches Spiel"; aigacorrent, f. – "fließendes Wasser"). Ansonsten ist sein Gebrauch auf eine gehobene, vor allem schriftsprachliche, Verwendungsebene beschränkt.

Bsp.:

Mon conhat, amant la pesca, manja pas cap de peis.	"Mein Schwager, ein begeisterter Angler, ißt überhaupt keinen Fisch."

In der Umgangssprache würde anstelle des Partizip Präsens ein Relativsatz oder ein Verbaladjektiv stehen:

Mon conhat, qu'aima la pesca, manja pas cap de peis.
Mon conhat, un grand amator de pesca, manja pas cap de peis.

Bei der Verwendung als Verbalsubstantiv oder -adjektiv wird das Partizip Präsens wie dieses veränderbar.
Bsp.:

Agacha totes aqueles anants e venents per la carrièra.	"Schau dir all diese Passanten [wörtlich: all diese Gehenden und Kommenden] auf der Straße an!"

Das Gerundium ist demgegenüber eine im gesprochenen Okzitanisch sehr gebräuchliche Konstruktion und ersetzt zumeist einen adverbialen Nebensatz (bzw. einen adverbialen oder präpositionalen Ausdruck). In seiner Form bleibt das Gerundium (ebenso wie prädikativisch gebrauchtes Partizip Präsens) unverändert.
Bsp.:

Partiguèron de la fèsta en menant ambe eles tota la gaietat.	"Sie verließen das Fest und nahmen dabei alle Fröhlichkeit mit."

5.3.3. Verbaladjektiv (l'adjectiu verbal)

Das okzitanische Verbaladjektiv wird wie folgt gebildet:

- Anhängen von -<u>ador</u>, -<u>adoira</u> an den Präsensstamm der Verben der 1. Gruppe (Infintiv auf *-ar*): parlador/-adoira, trabalhador/-adoira, cantador/-adoira
- Anhängen von -<u>idor</u>, -<u>idoira</u> an den Präsensstamm der Verben der 2. Gruppe (Infinitiv auf *-ir*): legidor/-idoira, sentidor/-idoira
- Anhängen von -<u>edor</u>, -<u>edoira</u> an den Präsensstamm der Verben der 3. Gruppe (Infinitiv auf *-re*, *-er*, *-e*): batedor/-edoira

Das Verbaladjektiv kann attributivisch und prädikativisch verwendet werden und verhält sich dabei wie ein Adjektiv.
Bsp.:

Mon filh es plan parlador.	"Mein Sohn ist sehr gesprächig."
Aqueste an los escolans son mai que mai trabalhadors.	"In diesem Jahr sind die Schüler sehr fleißig."

Die Bildung des Verbaladjektivs bei frequenten unregelmäßigen Verben:

creire	cresedor, -edoira
far	fasedor, -edoira
prendre/prene	prenedor, -edoira
veire	vesedor, -edoira
venir	venedor, -edoira

5.3.4. Indirekte Rede

Sie bezeichnet eine Äußerung, in der auf eine andere, vergangene oder zukünftige Äußerung Bezug genommen wird. Erfolgt dabei die Redeerwähnung in direkter Weise, so wird sie in der Originalform wiedergeben, bei indirekter Rede hingegen wird sie an die Umstände der Redeerwähnung angepaßt. Von besonderer Bedeutung ist dabei die Zeitenfolge. Hier gilt folgende Grundregel:

- Steht der redeeinleitende Satz im Indikativ Präsens (present), Perfekt (passat compausat), Futur (futur) oder im Konditional Präsens (condicional present), also in einem Gegenwartstempus bzw. einem Tempus mit Gegenwartsbezug, so steht in der indirekten Rede das Tempus der direkten. Die Verwendung der Konjunktion *que* ist dabei (anders als beim deutschen "daß") unerläßlich:

direkte Rede:	indirekte Rede:
Marcèl: **Ai** fòrça trabalh. ("Marcèl: Ich habe viel Arbeit.")	Marcèl ditz qu'**a** fòrça trabalh. ("Marcel sagt, er habe viel Arbeit.")
Jaumeta **a perduda** las claus. ("Jacqueline hat die Schlüssel verloren.")	Magalí a pretendut qu'es Jaumeta qu'**a perduda** las claus. ("Magali hat behauptet, daß es Jacqueline sei, die die Schlüssel verloren hat.")

- Steht hingegen der redeeinleitende Satz im historischen Perfekt (preterit), im Imperfekt (imperfach) oder im Plusquamperfekt (plus que perfach), also in einem Tempus der Vergangenheit, so ergeben sich in der indirekten Rede gegenüber der direkten folgende Veränderungen: Indikativ Präsens wird zu Imperfekt, historisches Perfekt zu Plusquamperfekt und Futur zu Konditional Präsens, während Indikativ Imperfekt, Plusquamperfekt und Konditional Imperfekt unverändert bleiben.

Beispiele:

<u>direkte Rede</u>:	<u>indirekte Rede</u>:
Marcèl: **Ai** fòrça trabalh. ("Marcèl: Ich habe viel Arbeit.")	Marcèl diguèt qu'**aviá** fòrça trabalh. ("Marcèl sagte, er habe viel Arbeit.")
Èra defendut dintrar dins lo camp militar. ("Der Zutritt zum Militärlager war verboten. ")	Los dròlles sabián pas qu'**èra defendut** dintrar dins lo camp militar. ("Die Jungen wußten nicht, daß der Zutritt zum Militärlager verboten war.")

5.4. Anmerkung

1) Die jahrhunderlange Beherrschung des eigenen Sprach- und Kulturraumes durch das Französische hat notwendig zu einer starken Franzisierung des okzitanischen Lexikons geführt. Dieses frz. Lehngut ist in unterschiedlichem Grade ins Okzitanische integriert. Während Wörter wie *geucha* (für "links") allgemein als Franzismus gelten und an ihrer Stelle zumeist *esquèrra* verwendet wird, sind andere Formen im Bewußtsein und in der Praxis fest verankert. Dort nun, wo sich parallel okzitanische Formen gehalten haben oder aber das frz. Wort durch eine okz. Wortbildung leicht und sinnvoll zu ersetzen wäre, wird von okzitanischen Sprachplanern eine entsprechende (Re-)Okzitanisierung des Lexikons betrieben. In diesen Bereich gehören etwa

autò	*statt*	veitura	"Auto"
sénher	*statt*	mossur/monsur	"Herr"
pastenaga	*statt*	carròta	"Mohrrübe, Karotte"
majofa (auch: fraga)	*statt*	fresa	"Erdbeeren"

Daneben gibt es im Okzitanischen Wörter wie *maison* "großes Haus", die aufgrund paralleler Formen im Französischen als Franzismen gelten, ohne es zu sein.

Festzuhalten ist in diesem Zusammenhang, daß der intensive Kontakt zwischen okzitanischer und französischer Sprache und Kultur in bezug auf Lehngut nie eine Einbahnstraße gewesen ist und es zu allen Zeiten ein stattliches okzitanisches Lehngut im Französischen gegeben hat. Nicht von ungefähr ist das meistgebrauchte französische 'Fremdwort' okzitanischen Ursprungs, nämlich *amour* (aus okz. *amor*).

5.5. Übungen

1) *Geben Sie bitte schriftlich Antwort auf folgende Fragen zum Text:*

a) Perqué Josèp Deltelh aviá batejat son libre "Òbras complètas"?

b) Perqué la filha, dins lo tèxte, rufava las cilhas en legissent los títols del romans?

c) Perqué lo sona "aiatallà" al contaire?

2) *Bitte übersetzen Sie (Sätze mit Indefinitpronomen)*

a) Ich habe in der letzten Nacht kaum geschlafen.

b) Er hatte genug gehört, um zu verstehen.

c) Wir suchen etwas Originelles für ein Geschenk.

d) Heute kann jeder umsonst das renovierte technische Museum besuchen.

e) Warum gehen wir nicht in dasselbe Restaurant wie letzten Samstag?

f) So ein Glück habe ich nie. (das Glück, die Chance – l'astre, m.)

3) *Setzen Sie die folgenden Sätze in die indirekte Rede und achten Sie dabei auf die Verwendung des richtigen Tempus:*

Jaume: "Ai pas léser de venir deman."

a) Jaume ditz...

b) Jaume diguèt...

Mon fraire: "Bordèu a perduda la partida de rubí contra Narbona."

c) Mon fraire a pretendut...

d) Mon fraire aviá pretendut...

4) *Sprechen Sie (wahlweise zu zweit) folgenden Dialog zwischen Arzt und Patient:*

metge:	**pacient**:
(salut, question sus l'estat de santat)	
	(dolor de còr)
(cigarettas?)	
	(60 per jorn)
(pas tant!.. alcoòl?)	
	(2 botelhas d'aigardent)
(mens!... fòrça trabalh?)	
	(14 oras cada jorn)
(mens!... menar viste ambe l'autò?)	
	(180 km/h)
(mai lentament... espòrt?)	
	(pas brica)
(mai!)	

5) *Bitte übersetzen Sie!*

Um gesund zu bleiben, verschreibt der Arzt: (gesund bleiben - gardar sa santat; verschreiben - ordenar)

a) morgens 10 Minuten früher als sonst aufstehen
b) das Fenster öffnen
c) sich auf den Bauch legen (der Bauch – lo ventre)
d) tief einatmen (einatmen - polsar, respirar)
e) gleichzeitig den Kopf und die Beine heben (gleichzeitig - a l'encòp; der Kopf – lo cap; das Bein – la camba)
f) aufstehen
g) langsam die Arme und Beine schütteln (schütteln - bolegar, brandir)
h) sich nach vorne beugen (se penjar/se clinar en davant)
i) sich erneut aufrichten und tief einatmen (sich aufrichten - se quilhar)
j) sich auf dem Boden setzen, die Arme kreuzen und die Füße heben (der Fuß – lo pè)
k) die ganze Übung wiederholen
l) sich duschen und sich mit einer harten Bürste massieren (die Bürste – la bròssa, l'escobeta, f.; massieren - massar).

6. Lektion

6.1. Text: *La botelha a la mar*

Robert Lafont (geb. 1923)

Segur que l'idèa de la botelha a la mar, l'aguèri. De botelha ne tustèri una del pè de la calanca, aquí que s'amolonan las bordilhas de la mar: encara i aviá l'etiqueta, la d'un vin d'Euròpa, de chianti, çò cresi. Me pensavi que se podiá pas que l'umanitat foguèsse mòrta tota. D'autres òmes, de pichòtas comunitats sai que, se mantènon sus d'isclas coma la mieuna, dins de montanhas, sota tèrra dins de carbonièras o dins de sostas que per aquò se faguèron.

M'imaginavi que qualqu'un trobèsse mon messatge; tafuravi entre los ròcs en cerca d'un tap o de quicòm que semblèsse. De tap n'i aviá ges. Auriá servit a res, la rason m'o diguèt. Abans que la botelha quitament ajonheguèsse una còsta, seriái mòrt de la fam, los autres tanben. E mai s'es pas la fam, serà del mal qu'es dins l'èr qu'alenam, dins l'ondada qu'aflòca.

Serem finits ambe las bèstias e las èrbas abans qualques meses, possible. E se la vida se salva del mal atomic e mai tòrna partir en qualque canton perdut, vendràn pro de catastròfas geologicas. L'atmosfèra es estada borrolada; i deu aver sus las emisfèras de tempèstas a crespelar las montanhas... La tèrra desvestida d'aire tornariá puèi au non-sens de l'univèrs. Poguèssi tenir fins aquí, faire fin d'escriure al descadenar de la catastròfa! Me pagariái l'espectacle coma un revenge pèr tot. La darrièra paraula d'un lengatge pichòt, pastat d'istòria e d'anecdòtas ortograficas, se fariá la consciéncia de que s'acaba una aventura de sièis cent mila annadas. Victòria inutila, mai ai aprés de me mesurar a l'inutil. Sabiam pro que l'espècia umana èra mortala, e mai la vida, e mai la tèrra. Mai d'aquela vertat ne fasiam pas experiéncia. Ieu, ne fau. E me quilhi coma pòdi. Los darrièrs òmes vius an lo ròtle de s'acarar au non-res, d'avesinar las temporadas de l'eternitat.

(Auszug aus: Robert Lafont, *L'icòna dins l'iscla*, I.E.O. "A tots" 1979)

6.2. Vokabeln

la mar	das Meer	la calanca	die kleine Bucht
tustar	schlagen, stoßen	s'amolonar	sich anhäufen

las bordilhas	die Abfälle
l'umanitat, f.	die Menschheit, die Menschlichkeit
la comunitat	die Gemeinschaft, das Gemeinwesen
sai que	zweifellos, wahrscheinlich
manténer	aufrechterhalten, stützen
l'iscla/l'illa, f.	die Insel
la carbonièra	das Kohlebergwerk
la sosta	der Kredit, der Bunker
s'imaginar	sich vorstellen
lo messatge	die Botschaft
tafurar	herumwühlen
lo ròc	der Felsen, die Klippe
la cerca	die Suche
lo tap	der Korken, der Stöpsel
la rason	die Vernunft, der Verstand, der Grund
quitament	selbst
ajónher	erreichen
la còsta	die Küste
la fam/ lo/la talent	der Hunger
mal, -a	schlecht, übel
lo mal	das Übel, das Schlechte, das Unheil
l'èr, m./ l'aire, m.	die Luft
alenar	atmen
l'ondada, f.	die Welle, die Woge
aflocar	heranströmen, fließen
possible	möglich
se salvar	sich retten, sich in Sicherheit bringen
atomic, -a	atomar
pro	genug, ausreichend
la catastròfa	die Katastrophe
geologic, -a	geologisch
l'atmosfèra, f.	die Atmosphäre
borrolat, -ada	erschüttert, durcheinandergebracht
l'emisfèra, f.	die Erd-/Himmelshalbkugel, die Hemisphäre
la tempèsta	der Sturm, das Unwetter
crespelar	zusammenziehen, falten
la montanha	der Berg, das Gebirge
la tèrra	die Erde
desvestir	entkleiden, entblößen
lo revenge	die Revanche, die Rache, die Vergeltung
lo non-sens	Unsinn, Sinnlosigkeit
l'univèrs, m.	das Universum, das All
fins	bis
faire fin	zum Ende kommen, aufhören
escriure	schreiben
descadenar	ausbrechen, entfesseln
lo descadenar	der Ausbruch, das Toben
pagar	zahlen, bezahlen
se pagar	hier: sich leisten, sich genehmigen
l'espectacle, m.	das Spektakel, das Schauspiel
la paraula	das Wort
lo lengatge	die Sprache, die Sprechweise
pastar	durchdringen, erfüllen
l'istòria, f.	die Geschichte, die Erzählung
l'anecdòta, f.	die Anekdote
ortografic, -ica	orthographisch, die Rechtschreibung betreffend
la consciéncia	das Bewußtsein
acabar	beenden, vollenden
l'aventura, f.	das Abenteuer
la victòria	der Sieg
inutil, -a	nutzlos, vergeblich, überflüssig
se mesurar	sich messen

l'espècia, f.	die Spezies, die Art, die Sorte	acarar	konfrontieren, gegenüberstellen
uman, -a	menschlich	lo non-res	das Nichts
mortal, -a	sterblich, vergänglich	avesinar	nahekommen, angrenzen an
la vertat	die Wahrheit		
l'experiéncia, f.	die Erfahrung	la temporada	der Zeitabschnitt, die Periode
quilhar	aufrichten, aufstellen, aufrecht halten		
		l'eternitat, f.	die Ewigkeit
lo ròtle	die Rolle, die Aufgabe	l'icòna, f.	die Ikone

6.3. Grammatik

6.3.1. Wortbildung

Jede Sprechergemeinschaft verfügt über verschiedene Möglichkeiten, das lexikalische Inventar der eigenen Sprache zu verändern, es zu differenzieren oder auszubauen (in der Regel folgt sie dabei einem sich verändernden Bezeichnungsbedarf der Sprecher). Ihre drei wichtigsten Instrumentarien hierfür sind Umsemantisierung, Entlehnung und Wortbildung.

Bei der Umsemantisierung wird ein Lexem aus seinem ursprünglichen Verwendungskontext herausgenommen und für einen neuen Bedarf reinterpretiert. Beispiele aus romanischen Sprachen sind etwa azafata im Spanischen, ursprünglich die Kammerfrau der Königin und heute die Bezeichnung für Stewardess, oder navette im Französischen (latein. NAVIS, afrz. *nef* "Boot"), ein Wort, das im Laufe der Industrialisierung zur Bezeichnung für das Weberschiffchen diente und heute in idiomatischen Wendungen wie *faire la navette* und *service de navette* für den Pendelverkehr steht. Ein okzitanisches Beispiel ist monaca, die Puppe, die heute auch in der Bedeutung von 'Roboter' benutzt wird (etwa in *La Santa Estèla del Centenari* von Joan Bodon).

Wortentlehnungen aus anderen Sprachen folgen in der Regel den Dingen. Nach Maßgabe der phonetischen und graphischen Konventionen der eigenen Sprache hat das Okzitanische keine Probleme mit der Integration fremdsprachigen Lehnguts. Einige Beispiele: radiò, rubí, fotbòl, bistèc.

Die Wortbildung schließlich erfolgt auf der Grundlage des in der Sprache bereits vorhandenen lexikalischen Materials. Mit ihr wollen wir uns im folgenden etwas ausführlicher beschäftigen. Die gängigsten Formen der Wortbildung sind die sog. Ableitung (derivacion) und die Komposition (composicion). Die Ableitung erfolgt in der Regel mit Hilfe von Nachsilben/Suffixen oder von Vorsilben/Präfixen. Bei der Suffigierung kommt es häufig zu einem Wortklassenwechsel, d.h. aus einem Adjektiv kann z.B. ein Substantiv werden und aus einem Verb ein Adjektiv, bei der Präfigierung hingegen ist ein solcher Wechsel eher selten.

Besonders gebräuchliche **Suffixe** des Okzitanischen sind[11]:

zur Bildung von Nomina:

-ada, -ida (Subst. → Subst./bezeichnet Kollektiva):

lo matin	"der Morgen"	→	la matinada	"der Morgen in seinem Verlauf"
lo vespre	"der Abend"	→	la vesprada	"der Abend in seinem Verlauf"
lo mes	"der Monat"	→	la mesada	"der Monat in seinem Verlauf"

-aire/-aira (Verb u. Subst. → Subst./bez. handelnde Personen):

jogar	"spielen"	→	lo jogaire	"der Spieler"
lo violon	"die Geige"	→	lo violonaire	"der Geigenspieler"

-adura, -idura (Verb → Subst./bez. Kollektiva):

parlar	"sprechen"	→	la parladura	"das Gespräch"
cauçar	"Schuhe anziehen"		la cauçadura	"das Schuhwerk"
garnir	"verzieren"	→	la garnidura	"dieVerzierung, die Garnitur"

-ariá: (Subst. → Subst./bez. Orte, Funktionen, Kollektiva):

l'ostal, m.	"das Haus"	→	l'ostalariá, f.	"das Hotel"
lo caval	"das Pferd"	→	la cavalariá	"die Kavallerie, die Reiterei"
lo teulat	"das Dach"	→	la teulariá	"die Ziegelei"

-at/-ada, -it/-ida, -ut/-uda (Verb → Subst./bez. Handlungen):

montar	"hochsteigen"	→	la montada	"der Aufstieg"
davalar	"absteigen"	→	la davalada	"der Abstieg"

-atge (Verb → Subst./bez. Handlung):

maridar	"heiraten"	→	lo maridatge	"die Hochzeit"
passar	"vorbeigehen"	→	lo passatge	"das Vorbeiziehen"
parcar	"parken"	→	lo parcatge	"das Parken, der Parkplatz"

-esa (Adj. → Subst./bez. Eigenschaft):

fin	"fein"	→	la finesa	"die Feinheit, die Raffiniertheit"
sol	"allein"	→	la solesa	"die Einsamkeit"

-iá (Adj. → Subst./bez. Eigenschaft):

malaut	"krank"	→	la malautiá	"die Krankheit"
cortés	"höflich"	→	la cortesiá	"die Höflichkeit"
fol/-a	"verrückt"	→	la foliá	"die Verrücktheit"

Sehr beliebt und gebräuchlich sind im Okzitanischen Diminutivsuffixe, die eine affektive Nähe ausdrücken. Die gebräuchlichsten Formen sind:

---

[11] Eine ausführliche Aufstellung okzitanischer Suffixe und Präfixe, der auch die folgende Auswahl entnommen ist, findet sich in der Einleitung von Louis Aliberts *Dictionnaire occitan-français d'après les parlers languedociens*, Toulouse: Institut d'Estudis Occitans 1966, S. 24ff.

-et/-eta (Subst. → Subst.):

l'ostal	"das Haus"	→	l'ostalet	"das Häuschen"
la dròlla	"das Mädchen"	→	la drolleta	"das kleine Mädchen"
lo gos	"der Hund"	→	lo goset	"das Hündchen"

-òt/-òta (Subst. → Subst.):

lo filh	"der Sohn"	→	lo filhòt	"das Söhnchen"
la pola	"das Huhn"	→	la polòta	"das Hühnchen"
la taula	"der Tisch"	→	la aulòta	"das Tischchen"

-on/-ona (Subst. → Subst.):

lo libre	"das Buch"	→	lo libron	"das Büchlein"
lo bric	"das Stück"	→	lo bricon	"das kleine Stück"
la fenèstra	"das Fenster"	→	lo fenestron (!)	"das Fensterchen"

Neben den Diminutivsuffixen gibt es das Augmentativsuffix -as/-assa, das zugleich eine pejorative Konnotierung hat:

la vila	"die Stadt"	→	la vilassa	"die häßliche große Stadt"
lo gos	"der Hund"	→	lo gossas	"der böse große Hund"

zur Bildung von Adjektiven:

-able, -ible (Verb → Adj./bezeichnet eine Möglichkeit):

far	"machen"	→	facible	"machbar"
ausir	"hören"	→	ausible	"hörbar"

-at/-ada, -ut/-uda, -it/-ida (Verb/Partizip Perfekt = Adjektiv):

acabar	"beenden"	→	acabat/-ada	"beendet"
rompre	"brechen"	→	romput/-uda	"zerbrochen, kaputt"
legir	"lesen"	→	legit/-ida	"gelesen"

-iu/-iva (Verb/Subst. → Adj./bez. Eigenschaft):

agradar	"gefallen"	→	agradiu/-iva	"angenehm"
crénher	"fürchten"	→	crentiu/-iva	"furchtsam"

-uc/-uga (Subst. → Adj.):

la paur	"die Angst"	→	pauruc/-uga	"ängstlich"
lo pes	"das Gewicht"	→	pesuc/-uga	"schwergewichtig"

-ut/-uda (physische Beschaffenheit, Handlungsweise):

lo biais	"die Art u. Weise"	→	biaissut/-uda	"geschickt"
lo ventre	"der Bauch"	→	ventrut/-uda	"dickbäuchig"
lo pòt	"die Lippe"	→	potarrut/-uda	"mit dicker/wulstiger Lippe"

zur Bildung von Adverbien:

-ment (aus lat. MENS, MENTIS "der Geist") wird an die weibliche Form des Adjektivs angehängt:

polit, polida	→	polidament	"schön"
aüros, -a	→	aürosament	"glücklich"
franc, -a	→	francament	"frei, ehrlich"

<u>zur Bildung von Verben</u>:

-<u>ar</u> (Subst./Adj. → Verb):

lo trabalh	"die Arbeit"	→	trabalhar	"arbeiten"
fals	"falsch"	→	falsar	"fälschen"

<u>-egar</u>, <u>-igar</u>, <u>-ugar</u> (Subst./Adj. → Verb):

la paur	"die Angst"	→	espaurugar	"Angst machen"

<u>-ejar</u> (Subst./Adj. → Verb):

francimand	"französisch"	→	francimandejar	"bemüht Französisch sprechen" (negativ konnotiert)
la taula	"der Tisch"	→	taulejar	"tafeln, ein Festmahl veranstalten"
palle/pallinèl	"bleich"	→	pall(in)ejar	"erbleichen"

<u>-ir</u> (Subst./Adj. → Verb):

la vergonha	"die Scham"	→	avergonhir	"beschämen"
magre	"mager"	→	magrir	"abmagern"
la flor	"die Blume/Blüte"	→	florir	"blühen"

Auch die **Präfixe** finden in den drei Wortarten Verb, Adjektiv und Nomen Verwendung. Im folgenden eine Auswahl:

<u>aus dem verbalen Bereich</u>:

<u>a</u>- (Negation, gibt Verben transitive Bedeutung):

assaber	"in Kenntnis bringen"	← saber "wissen"
amorrar	"auf das Gesicht fallen", pop.: "auf die Schnauze fallen"	← lo morre "das Gesicht"

<u>de</u>- (Entäußerung, Negation):

delavar	"auswaschen, verwaschen"	← lavar "waschen"
denegar	"abstreiten, leugnen"	← negar "verneinen"

<u>des</u>- (Entäußerung, Negation):

desfisar	"herausfordern"	← fisar "vertrauen, anvertrauen"

<u>en</u>-/<u>em</u>- [vor b und p] (in, hinein):

engolar	"schlucken, hinunterschlucken"	← la gola "der Mund, die Schnauze"
embarcar	"einschiffen"	← la barca "das Schiff"
embelinar	"entzücken, verzaubern"	← bel, -a "schön"

<u>en</u>-/<u>em</u>- (Entfernung, Trennung):

endavalar	"umwerfen, hinunterschlucken"	← davalar "heruntersteigen, hinuntergehen"
embauçar	"hinunterstürzen, hinunterdrängen"	← lo bauç "der Abgrund, der Steilhang"

<u>per</u>- (Steigerung, Durchdringung, Vollständigkeit):

perdurar	"durchhalten, anhalten"	← durar "(an)dauern"
pertocar	"bewegen, betreffen"	← tocar "berühren"

<u>re</u>- (Wiederholung, Wiederherstellung):

reviudar	"wiederbeleben, reaninieren"	← la vida "das Leben"
repotegar	"schimpfen"	← lo pòt "die Lippe"
recampar	"unterbringen, vom Feld holen"	← lo camp "das Feld"

<u>subre</u>-/<u>sus</u>- (über-):

subrecargar	"überladen"	← cargar "laden"
susprene	"überraschen"	← prene "nehmen"

<u>aus dem adjektivischen Bereich</u>:

<u>a</u>- (Negation):

amoral, -a	"unmoralisch"	←	moral, -a	"moralisch"

<u>des</u>- (Entäußerung, Negation):

descortés, -a	"unhöflich"	←	cortés, -a	"höflich"
desconegut/-uda	"unbekannt"	←	conegut/-uda	"bekannt"

<u>en</u>-/<u>em</u>- (Entfernung, Trennung):

empoderat/-ada	"mächtig"	←	lo poder	"die Macht"

<u>aus dem nominalen Bereich</u>:

<u>des</u>- (Entäußerung, Negation):

la desfortuna	"das Unglück, das Pech"	← la fortuna	"das Glück"

<u>per</u>- (Steigerung, Durchdringung, Vollständigkeit):

la percaça	"die Vetreibung, der Ausschluß"	← la caça	"die Jagd"

Auch die <u>Komposition</u> kennt im Okzitanischen eine Fülle von Bildungsformen. Im folgenden eine Auswahl:

<u>zur Bildung von Nomina</u>:

<u>Adj. + Subst</u>.:

lo mièjjorn	mièg ("halb")/mask.) + jorn ("Tag")	"der Mittag"
la mièjanuèch	mièja ("halb"/fem.) + nuèch ("Nacht")	"die Mitternacht"

<u>Verb + Subst</u>.:

lo picapèbre	picar ("aufspießen, picken")+pèbre ("Pfeffer")	"der boshafte Schwätzer"
lo paratruc	parar ("abwehren") + truc ("Stoß")	"die Stoßstange"

<u>Verb + Adv</u>.:

lo parlaplan	parlar ("reden") + plan ("gut")	"der Schönredner", (abwertend für Politiker)

<u>Subst. + Adj</u>.:

lo caul(et)flòri	caulet ("Kohl") + flòri ("blühend"/invar.)	"der Blumenkohl"

Subst. + Subst.:

lo bècaflor	bèc ("Schnabel") + flor ("Blume")	"der Kolibri"

zur Bildung von Adjektiven:

Subst. + Adj.:

pelrós/-osa	pèl ("Haar") + ros, -a ("rot")	"rothaarig"

Adv. + Adj.:

malcontent, -a	mal ("schlecht") + content, -a ("zufrieden")	"unzufrieden"

zur Bildung von Verben:

Adv. + Verb:

maldire	mal ("schlecht") + dire ("sagen")	"verfluchen"

Subst. + Verb:

manlevar	man ("Hand") + levar ("heben")	"ausleihen"

Wissenschaftlich-technisches Vokabular

Wie in den anderen romanischen Sprachen wird auch im Okzitanischen der Bedarf an wissenschaftlich-technischem Vokabular in starkem Maße durch Anleihen bei griechischen und lateinischen Präfixen gedeckt:

- griechische Präfixe sind etwa:

anfi- (anfiteatre)
ana- (anacronic – "anachronistisch")
anti- (anti-semita)
cata- (catalòg)
emi- (emisfèri)
epi- (epilòg)
iper- (ipertension)
meta- (metafòra)

- lateinische Präfixe sind z.B.:

ante- (antecedent – "Vorfahr")
bene- (benevòl – "freiwillig")
contra-(contradictori – "widersprüchlich")
extra- (extraordinari – "außergewöhnlich")
intra- (intramuscular)
male- (malediccion – "Verfluchung, Verwünschung")
pòst- (pòstposicion)
pro- (progressar – "vorwärtskommen, fortschreiten")
semi- (semimensual – "halbmonatlich")
super- (superficia – "Oberfläche")
trans- (transatlantic)
ultra- (ultraliberal)

Anleihen gibt es natürlich auch bei griechischen und lateinischen Wörtern, die als Präfixe oder Suffixe für gelehrte Wörter verwendet werden. Einige Beispiele für Wörter mit griechischem Präfix:

aero-	"Luft"	l'aeronaut, m.	"der Luftfahrer, der Luftschiffer"

calli-	"schön"	la calligrafia	"die Schönschreibkunst"
cardio-	"Herz"	la cardiografia	die Wissenschaft von der Darstellung der Herzbewegung
cinema-	"Bewegung"	lo cinematograf	"das Lichtspieltheater, das Kino"
foto-	"Licht"	lo fotograf	"der Photograph"
fono-	"Stimme"	la fonologia	die Wissenschaft vom Lautsystem einer Sprache

Einige Beispiele aus dem Lateinischen:

agri-	"Feld"	l'agricultor, m.	"der Landwirt"
ambi-	"beide"	ambidèxtre	"beidhändig"
carni-	"Fleisch"	carnivòr	"fleischfressend"
omni-	"überall"	omnipresent	"allgegenwärtig"
radio-	"Welle"	la radioscopia	"die Röntgenoskopie"
viti-	"Wein"	lo viticultor	"der Weinbauer"

6.3.2. Idiomatische Wendungen

Das Okzitanische ist reich an Redewendungen für alle Lebensbereiche[12]. Bei einem großen Teil von ihnen wird ein ländlicher Ursprung deutlich. Hier eine kleine Auswahl:

Essen:

se'n lecar los pòts	"sich nach etwas die Finger ablecken" (wörtlich: "sich nach etwas die Lippen ablecken")
aver lo ventre als talons	"großen Hunger haben" (wörtlich: "den Magen bis auf den Fersen herunterhängen haben")
aver lo ventre darrèr l'esquina	dito (wörtlich: "den Magen hinter dem Rücken haben")
manjar a la bona apostolica	"ungezwungen speisen" (wörtlich: "auf die gute apostolische Art essen")
aimar çò bon	"gutes Essen lieben" (wörtlich: "das Gute lieben")
far lo repais d'ase	"essen ohne zu trinken" (wörtlich: "ein Eselsmahl zu sich nehmen")
cargar la monina	"sich betrinken" (wörtlich: "die Meerkatze/Äffin beladen")

[12] Eine Auswahl besonders gebräuchlicher Redewendungen findet sich in Lagarda, Andrieu, 1971, *Vocabulari occitan*, Tolosa: Seccion Pedagogica de l'Institut d'Etudis Occitans. Auch die im folgenden präsentierten idiomatischen Wendungen stammen aus dieser Quelle.

levar la taula	"die Tischgesellschaft aufheben" (wörtlich: "den Tisch einpacken/ zusammenfalten")

Zeit/Lebensalter:

aver léser	"Zeit haben" (wörtlich: "Muße haben")
far la setmana dels sèt dimenges	"nichts tun" (wörtlich: "die Woche wie sieben Sonntage verbringen")
vièlh coma un camin	"steinalt" (wörtlich: "alt wie ein Weg")
quand los grapauds portaràn de plumas	"niemals" (wörtlich: "wenn die Kröten Federn tragen werden")
la maire dels jorns es pas mòrta	"Zeit haben" (wörtlich: "die Mutter der Tage ist nicht gestorben")

Tugenden und Laster:

a popat de bon lach	"das ist ein guter Mensch" (wörtlich: "er/sie ist mit guter Milch gesäugt worden")
val pas l'aiga que beu	"er taugt nichts" (wörtlich: "er/sie ist das Wasser nicht wert, das er trinkt")
s'espandís coma una auca	"er/sie ist eitel" (wörtlich: "er stolziert umher wie eine Gans")
valent coma una espasa	"sehr mutig" (wörtlich: "tapfer wie ein Schwert")

Gefühlsregungen:

se far un sang triste	"sich langweilen" (wörtlich: "sich ein trauriges Blut machen")
venir de sèt colors	"starke Rührung empfinden" (wörtlich: "in sieben Farben kommen")
nadar dins l'òli	"jauchzen" (wörtl.: "in Öl schwimmen")
rire pas que d'una gauta	"gezwungen lachen" (wörtlich: "nur mit einer Backe lachen")

Ansicht, Geist, Intelligenz:

a mon vejaire	"meiner Meinung nach"
aquò a pas ni cap ni centena	"das hat weder Sinn noch Verstand" (wörtlich: "... weder Kopf noch ein Hundert")
aver los uèlhs darrèr lo copet	"keinen Durchblick haben" (wörtlich: "die Augen hinter dem Nacken haben")
es pas el que dirà ont nisan los faucilhs	"er hat die Weisheit nicht mit Löffeln gegessen" (wörtlich: "nicht er ist es, der sagt, wo die Mauersegler nisten")

Wetter:

fa un freg de lop	"es ist lausig kalt" (wörtlich: "es gibt eine Wolfskälte")
fa un freg que pela	"es ist lausig kalt" (wörtlich: "es ist so kalt, das sich einem die Haut abschält")
un vent a desrabar la coa dels ases	"ein heftiger Wind" (wörtlich: "ein Wind, der den Eseln den Schwanz ausreißt")
tomba de còrdas, de pèiras de molin	"es regnet aus Kübeln" (wörtlich: "es regnet Bindfäden/es regnet Mühlsteine")
trempe coma una sopa	"völlig durchnäßt" (wörtlich: "durchgeweicht wie eine Suppe")

6.4. Anmerkungen

1) Ein Merkmal des Okzitanischen ist die **Offenheit** seines **lexikalischen Inventars**. Pierre Bec drückt das wie folgt aus: " [...] *L'Occitanie n'a pas eu son Malherbe et vit encore la richesse et la surabondance qu'avait connues le français à l'époque pré-malherbienne et qui sont celles des autres idiomes romans* [...]" Besonders variantenreich ist das Okzitanische in den traditionellen Verwendungsfeldern der Sprache, etwa im Bereich des landwirtschaftlichen Vokabulars. So finden wir für den "Bauernhof" neben der gängigen Bezeichnung bòria und bòrda eine Fülle von zumeist regionalen Varianten, etwa afar, bastida, domeni, granja, laur, mas, masuc u.v.a.. Und während das Okzitanische infolge der beschriebenen zwangsweisen Einengung seines Wirkungsbereichs bis heute nur schwer Zugang zu urbaner und öffentlicher Verwendung findet, ist es im ländlichen Leben Südfrankreichs weiterhin so stark verankert, daß ein Französisch sprechender Bauer für "Hacke" kaum das frz. Wort houe, sondern eher die okz. Bezeichnung bigòs wählt und manches Kind erst in der Schule lernt, daß gos ("Hund") kein französisches, sondern ein okzitanisches Wort ist.

2) Eine größere Formenvielfalt kennzeichnet auch die okzitanische Morphosyntax. Hier führt ein insgesamt geringerer Kodifizierungsgrad der Sprache zur Koexistenz verschiedener Formen, zumeist wiederum in regionaler Variation. Man betrachte etwa die aufgelisteten Varianten für die 1. Person Singular Präsens (Indikativ Aktiv) von èsser/èstre oder die für das Partizip Perfekt von caire, còire, córrer, crénher und far. Manchmal treffen verschiedene Formen auch an einem Ort aufeinander (z.B. stärker hochsprachliche bzw. vehikulare Varianten des Okzitanischen auf stärker lokal geprägte Formen der Umgangs- bzw. Vernakularsprache). Und mancherorts ist es auch nur das Nebeneinander (und zum Teil das Gegeneinander) verschiedener Verschriftungsmodelle, das zu formaler Variation führt.

6.5. Übungen

1) *Nominalisieren Sie folgende Verben:*
caçar, crompar, charrar, avançar, maridar, parcar

2) *Adjektivieren Sie folgende Substantive und Verben:*
pensar, ventre, agradar, acabar, paur, finir

3) *Bitte übersetzen Sie folgende Sätze:*
a) Das Hündchen von meiner Schwester hat den Briefträger gebissen.
b) Ein kleiner Kaffee nach dem Essen tut gut.
c) Zu Weihnachten war es lausig kalt.
d) Unser Söhnchen hat die Weisheit leider nicht mit Löffeln gegessen.
e) Nach meinem Examen werde ich faulenzen.

4) *Bitte übersetzen Sie folgenden Brief ins Okzitanische:*

Wien, den 18.I.2002

Lieber Robert,

es hat mich sehr gefreut, mal wieder Post von Dir zu bekommen. Auch freut es mich, zu erfahren, daß es sich in Toulouse gut leben läßt und daß Du dabei bist, Dein Germanistikstudium an der Universität Le Mirail abzuschließen. Gibt's immer noch den Professor Fossat? Du erinnerst Dich an ihn? Er war es, der mir die ersten Worte in Okzitanisch beigebracht hat.

Hier in Wien haben wir Studierenden einen langen Streik hinter uns, dessen Ziel es war, bessere Studienbedingungen zu bekommen oder zumindest die bestehenden Möglichkeiten zu bewahren. Hoffentlich hat es genützt.

Sag mal, hast Du keine Lust, wieder einmal nach Wien zu kommen? Du weißt ja, Deine Freundin und Du, Ihr seid jederzeit herzlich willkommen, wann immer Ihr kommen wollt. Und für uns beide wäre es endlich mal wieder eine Gelegenheit, unsere Sprache, Okzitanisch, zu sprechen.

herzlichst
Peter

7. Lektion

7.1. provenzalischer Text: *Lo patoés*

Disiam toti "patoés" e siam solides de pas parlar una lenga vertadièra. Degun aviá pas jamai dich ai Bargelencs que son "patoés" s'escriviá dempuèi l'Edat Mejana e que i aviá encara fòrça escrivans. De racontes, de faulas, de sornetas, de cançons se n'entendiá dins lei velhadas e lei fèstas. S'escotavan ambe plaser, ambe jòia, mas sens que se i estaquèsse la mendre valor. S'en profechava coma d'un bon talhon, d'una botelha vièlha, d'un espectacle dau circ barrutlaire e dei mariòtas dau cafè lo dissabte, causas fòrça gostosas, mas consideradas passa-temps, colhonitges.

A Ponhadoressa, un vilatge pròche, lo Filió, qu'escriviá de poësias en lenga d'òc, o fasiá per amusar lo mond e res coneissiá pas sei quauquei papièrs estampats. Dins son molin, sus Tava, lo Mercièr, un molinièr poëta romantic, que vos declamava d'un vam "Lo cabús d'un àngel" dau Lamartina, sabiá, el, que s'escriviá de bona besonha en occitan; aviá de libres, de diccionaris provençaus e lengadocians. Fasiá dançar ambe son violon davant catòrze, quilhat sus un mièg-muòg. Disián: "Es un mercant d'ídèias, fai bèn virar lo molin, mas manja sei sòus per de libres luòga de crompar de braias". Lo Mercièr pasmens vesiá pro clar. Me n'avisèri puèi. Sa veusa m'assabentèt fòrça sus el, de temps après sa mòrt. Consèrva uèi, piosament lei libres dau poëta-molinièr que, s'escriguèt pas, sabiá sentir la vida [...]

La lenga occitana, tan viva pasmens, èra mai que mai desconsiderada pèr l'escòla qu'aviá per tòca, desempuèi sa creacion, de la tuar ambe l'ensenhament exclusiu dau francés. Lei armas de Joan Baranhòl, leis aviá pas engimbradas, çò que me fai dire qu'èra de segur un bòn diable. Leis i avián balhadas a l'escòla. Leis superiors conselhavan de còps quauquei recetas que se sentiá constrench d'emplegar.

Eri dins mei nòu ans quora lo mèstre apliquèt "lo signe", aquel mejan repressiu ja vièlh. Balhèt un matin una bobina de fiu voida a un escolan; i aviá marcat dessús: "Bon pour cent lignes". E la caça èra dobèrta. Una caça ont lo gibièr èra dau costat dau caçaire pèr lo biais de la delacion forçada. Quora aviatz la bobina vos entanchaviatz de trobar un camarada que parlèsse occitan. Aviatz pas tròp de lagui per aquò faire, e i balhaviatz lo signe. Cada matin a uèch oras, lo trabalh primièr de Joan Baranhòl èra de demandar lo titulari de la bobina. Sabiá ja aquel d'aquí que n'èra pèr sei cènt linhas e durbissiá mai la caça au "patoés".

La tòca èra de nos far parèisser lo parlar occitan aitant vergonhós coma la rapina dins l'òrt dau vesin; pèr aquò la ceremoniá dau signe èra a l'intrada de la batuda, davançava la leiçon de morala. Se passava tot naturalament de la fauta màger dau "patoés", a la tièra dei fautas estampadas dins lo libre grand que gardaviam coma un catequisme sièis ans de temps.

(Auszug aus: Aimat Serre, *Bogres d'ases*, I.E.O., MARPOC, Librairie Occitane Salindres 1988)

7.2. Vokabeln

patoés, m./ (languedok.: patés/ patoès m.	Mundart (oft. pej.)
solide, -a	sicher, überzeugt
vertadièr, -a	richtig, wirklich, wahr
Bargelenc	Einwohner von *La Bargela* (kl. Gemeinde in der Provence)
l'edat, f.	das Alter
l'Edat Mejana, f.	das Mittelalter
lo raconte	die Erzählung, der Bericht
la faula	die Fabel
la sorneta	die Plauderei, das Geschwätz
la cançon	das Lied
entendre	hören
la velhada	das gesellige abendliche Beisammensein
la fèsta	das Fest, die Festlichkeit
la jòia	die Freude
estacar	befestigen, beimessen
la valor	der Wert, die Bedeutung
profechar	profitieren, Nutzen ziehen/haben
lo talhon	das Stück, der Bissen
l'espectacle, m.	das Spektakel, die Vorstellung
lo circ	der Zirkus
lo barrutlaire	der Vagabund, der Landstreicher
lo circ barrutlaire	der Wanderzirkus
la mariòta	die Marionette
considerar	betrachten, erwägen, halten für
lo passa-temps	der Zeitvertreib
lo colhonitge	die Dummheit, die Spielerei
lo vilatge	das Dorf
pròche	nahe bei, in der Nähe
la poësia	die Poesie, die Dichtung
amusar	unterhalten, amüsieren
lo mond	die Welt, die Leute
lo papièr	das Papier, der Text, das Dokument
lo molin	die Mühle
Tava	provenzal. Fluß
Mercièr	Eigenname
lo molinièr	der Müller
romantic, -a	romantisch
declamar	deklamieren, aufsagen
lo vam	der Zug, der Anlauf, der Schwung

Lo cabús d'un àngel	*Der Sturz eines Engels* (Titel eines Versepos von Alphonse de Lamartine)
la besonha	die Arbeit, die Beschäftigung, das Werk
lo diccionari	das Wörterbuch
dançar	tanzen
lo violon	die Geige, die Violine
davant catorze	hier: vor 1914
lo mièg-muòg	Hohlmaß: ca. 300 Liter, hier: Faß von entsprechender Größe
lo mercant	der Händler, der Kaufmann
l'idè(i)a, f.	die Idee, die Vorstellung, der Einfall
virar	drehen, um die Ecke biegen
manjar	essen
lo sòu	der Sou, der Pfennig
las braias	die Hose
avisar	bemerken, unterrichten, warnen
s'avisar	feststellen, sich klar machen
la veusa	die Witwe
assabentar	informieren, unterrichten
piosament	pietätvoll, ehrfürchtig, fromm
desconsiderar	mißachten, geringschätzen
la tòca	das Ziel
la creacion	die Schaffung, die Gründung
tuar	töten, umbringen
exclusiu, -iva	ausschließlich, exklusiv
l'arma, f.	die Waffe, die Seele
engimbrar	einführen, vorbereiten, organisieren, aufstellen
balhar	geben
lo superior	der Vorgesetzte
conservar	aufbewahren, bereithalten
de còps	manchmal
la recè(p)ta	das Rezept, der Ertrag
constrénher	zwingen, nötigen
emplegar	anwenden, benutzen
aplicar	anwenden, benutzen
lo signe	das Zeichen, das Signal
lo mejan	der Durchschnitt, das Mittel
repressiu, -iva	repressiv, unterdrückend
ja	schon, bereits
la bobina	die Spule, die Garnspule
void, -a	leer
bon pour cent lignes	*gut für 100 Zeilen*
la caça	die Jagd
dobrir/dubrir/durbir	öffnen
lo gibièr/la cacilha	das Wildbret, das Opfer, die Beute
lo caçaire	der Jäger
la delacion	die Denunzierung, die Anzeige
forçar	zwingen, erzwingen
s'entanchar	sich beeilen
lo/la camarada	der/die Kamerad/in
lo lagui	die Mühe, die Sorge
lo titulari	der Titular, der Inhaber
la linha	die Linie
paréisser	erscheinen
aitan(t)	ebenso, ebensosehr
la vergonha	die Schande, die Schmach
vergonhós, -osa	schändlich, schmachvoll, schamhaft

la rapina	das Plündern, das Marodieren, der Felddiebstahl
l'òrt, m.	der Gemüsegarten
lo/la vesin/a	der/die Nachbar/in
la ceremoniá	die Zeremonie
l'intrada, f./ la dintrada	der Beginn, der Eintritt
la batuda	die Treibjagd
davançar	vorausgehen, vorangehen
la leiçon	die Lektion, der Unterricht
la morala	die Moral, die Ethik
la fauta	der Fehler
la tièra	die Reihe, die Auswahl, die Serie
estampar	drucken, abdrucken
lo catequisme	der Katechismus
lo bogre	der Kerl
l'ase, m.	der Esel

7.3. Grammatik

Languedokisch und Provenzalisch, die beiden Dialekte des **Südokzitanischen**, sind sich insgesamt recht ähnlich, gleichwohl gibt es einige Unterschiede zwischen ihnen:

a) languedokisches Zungenspitzen-r wird im Provenzalischen nicht gerollt (Zäpfchen-r);
b) die Grapheme <v> und <b> werden im Provenzalischen [v] und [b] ausgesprochen und nicht, wie im Languedokischen, beide als [b];
c) l wird im Provenzal. häufig vokalisiert; dadurch wird z.B. languedok. lo cèl zu lo cèu und lo solelh zu lo solèu;
d) die languedok. Artikel los und las werden im Provenzalischen meist zu lei, doch findet man auch li und lis;
e) auslautende Konsonanten und Plural-s verstummen im Provenzalischen;
f) die 1. Ps. Sg. Präsens Indikativ Aktiv wird im Provenzalischen auf -e gebildet: aus languedok. trabalhi wird trabalhe;

(Die Elemente c-f hat das Provenzalische mit dem Nordokzitanischen gemeinsam.)

Deutlich größer ist der Unterschied zwischen dem Süd- und dem Nordokzitanischen. Wesentliche Kennzeichen des **Nordokzitanischen** sind:

a) Palatalisierung des lat. CA und GA, das südokzitanisch und gaskognisch zu *ca* [ka] und nordokzitanisch zu *cha* [tʃa] wird; also nordokzitanisch *chantar* [tʃantá] gegenüber südokzitanisch/gaskognisch *cantar* [kantá];
b) intervokalisches -d- hat die Tendenz zu verstummen: *vengua* statt südokzitanisch *venguda*, *dormia* statt *dormida*;
c) Tendenz zur Aphärese von Vokalen: *'na femna* für *una femna*, *n'òme* für *un òme*;
d) wie im Provenzalischen werden die Grapheme <v> und <b> [v] und [b] ausgesprochen und nicht wie im Languedokischen beide [b];
e) Verstummen auslautender Konsonanten und Plural-s (vgl. Provenzalisch);

f) auslautendes -l bzw. -ll hat wie im Provenzalischen die Tendenz zur Vokalisierung: languedok. *ostal* [ustál] wird hier zu *ostau* [ustáu] und *sal* [sal] zu *sau* [sau];
g) die 1. Ps. Singular des Verbes wird häufiger auf *-e* als auf *-i* gebildet, also *chante* statt *chanti*;
h) Ein Spezifikum des Auvergnatischen ist neben einer besonders im Süden starken dialektalen Aufsplitterung eine noch stärkere Tendenz zur Palatalisierung als im Limousinischen, die dabei alle Arten von Konsonanten erfaßt. Die am stärksten palatalisierenden Vokale sind [i], [y], [e] und [ø].
i) Das Alpinische bzw. Delfinatische schließlich hat einige Elemente mit dem Frankprovenzalischen gemeinsam, vor allem den Erhalt des lateinisch unbetonten *-o*, etwa bei der Verbflexion. Lateinisches CANTO (1. Ps. Sg. Präs. Indik. Akt.) lautet *chanto* [tʃantu]. Charakteristisch ist auch der Wegfall des lateinisch intervokalischen *-t-*: AMATA > *amaia*, PRATA > *praia*.

Betrachten wir zur Veranschaulichung des Nordokzitanischen ein limousinisches Lied:

7.4. nordokzitanischer Text: *Legenda*

Genièr dins la legenda aviá vint-e-nòu jorns.	[dzeniɛ din la ledzendɔ aviɔ vintenɔ dzu]
Belièr n'en aviá trenta. L'autre n'èra gelós.	[beliɛ nen aviɔ trentɔ lautre nɛrɔ dzelu]
Genièr en quel annada aprèp lo guilhaneu	[dzeniɛ en kel anadɔ aprɛ lu giljaneu]
viviá son darrièr ser.	[viviɔ su dariɛ ser]
Una vièlha chaminava dins los bòscs.	[ynɔ viɛʎɔ tʃaminavɔ din lu bɔ]
Paubra vièlha que fasiás-tu dins lo bòsc?	[paurɔ viɛʎɔ ke fazìɔ ty din lu bɔ]
Se mocava la vièlha: "Genièr, s'es achabat	[se mukavɔ la viɛʎɔ dzeniɛ ses atʃaba]
ton fred me pica gaire. Deman se levarà."	[tun fret me pikɔ gaire dema se levara]
"Presta-me doás jornadas!"	[prɛstɔ me duɔ dzurnadɔ]
leidonc dissèt Genièr. Entau faguèt Belièr.	[leidun disɛ dzenjɛ entau fagɛ beliɛ]
Vèu, la vièlha, e lo fred se fai mai fòrt.	[vɛu la viɛʎɔ e lu fre se fai mai fɔr]
Vèu la vièlha, que lo Genièr n'es pas mòrt.	[vɛu la viɛʎɔ ke lu dzeniɛ ne pa mɔr]
Los dos laires de rire e de foetar de fred	[lu du laire de rire e de fueta de fre]
e giala que te giala la vièlha moriguèt.	[e dzialɔ ke te dzialɔ la viɛʎɔ murigɛ]
Mas Genièr sens paraula jamai pus	[ma dzeniɛ sem paraulɔ dzamai py]
n'a rendut los dos jorns a Belièr.	[na rendy lu du dzur a beliɛ]
Ah, las vièlhas, quò es per quò que Belièr	[a la viɛʎɔ kɛsperkɛ ke beliɛ]
per 'na vièlha es pas tan long que Genièr.	[per nɔ viɛʎɔ e pa tan lun ke dzeniɛ]

Übersetzung:
Märchen.
Januar hatte im Märchen 29 Tage.
Februar hatte 30 davon. Der andere war deswegen neidisch.
Januar erlebte in jenem Jahr nach dem Neujahrsfest seinen letzten Abend.
Eine Alte ging durch den Wald.
Arme Alte, was machtest du in den Wäldern?
Die Alte machte sich lustig: "Januar, du bist am Ende,
deine Kälte zwickt mich kaum. Morgen wird sie verschwinden.
"Leih mir zwei Tage!" sagte daraufhin Januar.
Februar willigte ein.
Schau, Alte, wie die Kälte stärker wird!
Schau, Alte, daß der Januar nicht tot ist!
Die zwei Spitzbuben lachten und, gepeitscht von Kälte
und einem eisigen Frost, starb die Alte.
Aber Januar, ohne ein Wort darüber zu verlieren,
hat niemals mehr Februar die beiden Tage zurückgegeben.
Ach, ihr Alten, das ist der Grund, warum Februar
für eine Alte nicht so lang wie Januar ist.

7.5. Anmerkungen

1) Das Provenzalische gliedert sich in fünf Unterdialekte: in rhodanisches, maritimes, zentrales und niederalpines Provenzalisch sowie in das Nissart, das bis heute auch urban, konkret in der Stadt Nizza, noch deutlich präsent ist.
2) Das Auvergnatische weist nicht nur die größte dialektale Binnengliederung unter den okzitanischen Dialekten auf, sondern hat sich insgesamt weit vom klassischen Okzitanisch fortbewegt.
3) Unter Romanisten unbestritten ist, daß das Sprachgebiet des Okzitanischen in der Vergangenheit größer war als heute. So wird angenommen, daß Orte wie Niort und Poitiers, die Stadt von Guilhèm IX, dem ersten Troubadour, im Mittelalter okzitanischsprachig waren. In diesen Zusammenhang gehört auch die Existenz eines linguistischen Übergangsgebietes zwischen Französisch und Okzitanisch (in etwa zwischen Confolens und Vichy), das aufgrund seiner geographischen Form *croissant* genannt wird. Und schließlich soll nicht vergessen werden, daß migrationsbedingt die Stadt mit der größten urbanen Konzentration von Okzitanischsprechern Paris ist.

7.6. Übungen

Bitte übertragen Sie (1) den provenzalischen Prosatext und (2) das limousinische Lied ins Referenzokzitanische/Languedokische!

8. Lektion

Noch größer als der Unterschied zwischen Süd- und Nordokzitanisch ist der zwischen Gaskognisch und den übrigen okzitanischen Dialekten. Deshalb im folgenden auch zur Veranschaulichung des Gaskognischen ein Textbeispiel:

8.1. gaskognischer Text: *Que hè calor!*

(Die berühmte Brèche de Roland *(Rolandsbresche) im Gipfelkamm über dem* Cirque de Gavarnie, *aus: Hüsler,* Wanderungen in den Pyrenäen, *München: Bruckmann 1992)*

Martina: Que hè calor! Que crei que vam poder sortir. Espia aqueste cèu blu! La meteò que ditz lo bèth temps que deu continuar tota la setmana.

Miquèu: Avisa-t'i! La meteò de París coneish pas arren au temps qui hè aciu. Que's borra tostemps. Quan las montanhas e son claras que vòu díser que va har meishant temps. Que i a un arreproèr de noste qui ditz: "Montanha clara, Bordèu escur, ploja de segur!" E doman qu'ei lo cambiament de lua... e quan cambia la lua, lo temps que cambia tanben.

Martina: E credes, tu, que cau espiar la lua e las estelas entà conéisher lo temps?

Miquèu: Qu'ei autan segur com las previsions de la meteorologia.

Martina: Que podem totun profieitar deu só. Qu'a tan plavut, lo mes passat, que n'avem pas podut hicar lo nas tà dehòra.

Miquèu: Que pòts véder, lo climat de l'Occitania atlantica qu'ei hèra diferent deu climat de l'Occitania mediterranenca. De cap a la Mediterranea, lo temps qu'ei sec e caud, sonque dens la vath de Ròse quand lo mistrau e boha, pendent l'ivèrn... alavetz que hè un hred terrible. A noste, en Bearn, lo temps qu'ei umide e caud e l'ivern qu'ei tostemps doç.

Martina: Qu'ei vertat, en Bearn, la mei beròia sason qu'ei l'abòr: que's perlonga sovent dinc au mes de Genèr. Jo, ne conselhi pas jamei aus amics de viéner au Bearn au printemps, ni tanpòc en estiu. Los primtemps de noste que son plojós e los estius tròp cauds.

(Auszug aus: Michel Grosclaude, *Lo gascon lèu e plan*, Paris: Omnivox 1977)

(Übersetzung:)

Martina*: Wie warm es ist! Ich glaube, wir können aus dem Haus gehen. Schau dir den blauen Himmel an! In der Wettervorhersage heißt es, daß das gute Wetter die ganze Woche anhalten wird.*

Michael*: Vorsicht! Die Pariser Meteorologen haben keinen blassen Schimmer vom hiesigen Wetter. Sie irren sich ständig. Wenn die Berge klar sind, so heißt das, daß es schlechtes Wetter geben wird. Es gibt bei uns ein Sprichwort, das sagt: Klare Berge, Bordeaux verhangen, sicherer Regen! Und morgen ist Mondwechsel... und wenn der Mond wechselt, dann verändert sich auch das Wetter.*

Martina*: Glaubst du, daß man den Mond und die Sterne beobachten muß, um den Wetterverlauf zu kennen?*

Michael*: Das ist genauso zuverlässig wie die Vorhersagen der Wetterkunde.*

Martina*: In jedem Fall können wir die Sonne ausnutzen. Im letzten Monat hat es soviel geregnet, daß wir nicht die Nase zur Tür herausstrecken konnten.*

Michael*: Du kannst sehen, daß das Klima an der okzitanischen Atlantikküste sehr verschieden von dem im Süden Okzitaniens ist. Auf das Mittelmeer zu ist das Wetter trocken und heiß, außer im Rhonetal, wenn dort im Winter der Mistral bläst... dann herrscht dort eine klirrende Kälte. Bei uns im Béarn ist das Wetter feucht und warm und der Winter ist immer mild.*

Martina*: Das stimmt, im Béarn ist der Herbst die angenehmste Jahreszeit: oft reicht er bis in den Januar hinein. Was mich angeht, so empfehle ich meinen Freunden nie, im Frühjahr zu kommen, ebensowenig im Sommer. Unsere Frühlinge sind allzu verregnet und die Sommer zu heiß.*

8.2. Grammatik

Das Gaskognische nimmt innerhalb der okzitanischen Sprachfamilie eine Sonderstellung ein. Seit dem Mittelalter wird es im Verhältnis zur Koine der Troubadoure als "lengatge estranh" angesehen. Möglicherweise sind einige der Abweichungen in den Bereichen Phonetik, Morphologie, Syntax und Lexikon auf baskischen Substrateinfluß zurückzuführen.

Phonetik

In diesem Bereich finden sich markante Spezifika:

a) aus der lat. Geminate ll wird auslautend ein *-th*, (CASTELLU > *castèth*/*castèt* (languedok.: *castèl*); die gebräuchlichste Aussprache ist [-et], palatalisierte Varianten sind [-etʃ] im Südosten (Comminges und Couserans) sowie [-etj] im Béarn und in der Chalosse; intervokalisch wird -ll- zu einem einfachen -r- (GALLINA > *garía* (languedok.: *galina*), BELLA > *bèra* (languedok.: *bèla*).

b) [f] wird zu [h]: aus languedok. *filh* wird im Gaskognischen *hilh* bzw. *hiu*;

c) intervokalisches *-n-* verstummt: languedok. *una femna* wird *ua hemna*;

d) anlautendem *r* wird ein *a* vorangestellt: aus languedok. *res* bzw. *ren* wird *arren*, aus *riu* wird *arriu* (Fluß);

Morphologie

Das Gaskognische verfügt im Bereich der Vergangenheitstempora über eine vom Referenzokzitanischen deutlich abweichende Verbflexion:

Die 3. Person Singular Indikativ Aktiv des historischen Perfekt lautet
- auf *-è* (gebräuchlichste Form/östl. Béarn, Armagnac, Bigorre) und *-à* (westl. Béarn, Chalosse, Bayonne) für die Verben mit dem Infinitiv auf *-ar* (*cantè*, *cantà*/er, sie, es sang),
- auf *-ó* (gebrächlichste Form), auf *-ut* (Region von Bordeaux) und *-ot* (Landes, Bazardais) für die Verben mit dem Infinitiv auf *-er* (*bató*, *batut* und *batot*/er, sie, es schlug; *arridó*, *arridut*, *arridot*/er, sie, es lachte)
- und auf *-i* für die Verben mit dem Infinitiv auf *-ir* (*parti*/er, sie, es ging fort).

Besonderheiten zeigen sich auch in der 3. Person Singular des Imperfekt Indikativ Aktiv der Verben mit dem Infinitiv auf *-ir* und *-er* (2. und 3. Gruppe). Während diese Form im übrigen okzitanischen Sprachgebiet auf *-ía* gebildet wird, lautet sie im Gaskognischen,
-iva für Verben mit dem Infinitiv auf *-ir* (Bsp.: *dromiva*/er, sie, es schlief [*dromir* ist eine Metathese von *dormir*]),
-è und *èva* für die Verben mit dem Infintiv auf *-er* (Bsp.: *volè*/er, sie, es wollte, *prenèva*/er, sie, es nahm).

In den Pyrenäen finden sich eigene Formen des bestimmten Artikel: *eth* (mask.) und *era* (fem.); wie bei *lo* und *la* handelt sich um Ableitungen vom lateinischen Demonstrativpronomen ILLE und ILLA (wobei hier jedoch das betonte Element des lateinischen Ursprungwortes beibehalten wird).

Syntax

Ein besonders typisches Element des Gaskognischen ist der Gebrauch von ausdrucksverstärkenden Satzpartikeln, die dem Verb vorangestellt werden, und zwar *que* im Aussagesatz, *e* vor allem im Fragesatz sowie *be* im Ausrufe- und Befehlssatz.

Bsp.:

Que cantas.	Du singst.
E cantas plan?	Singst du gut?
Be cantas plan!	Wie gut du singst!

Die Verwendung dieser Formen nimmt in dem Maße ab, in dem man sich der gaskognisch-languedokischen Dialektgrenze nähert.

8.3. Anmerkungen

1) Die ausdruckverstärkenden Partikel *que* und *e* sind im Gaskognischen weitgehend grammatikalisiert, damit zugleich entsemantisiert. *Be* hingegen ist nicht grammatikalisiert und kann entsprechend zur Modulation bzw. Nuancierung der Aussage benutzt werden.

2) Zeitgenössische okzitanische Autoren - viel gelesen werden Joan Bodon, Max Roqueta, Robert Lafont, Ives Roqueta, Joan-Francés Bladèr und Bernat Manciet - finden heute ein beständig wachsendes Publikum. Dabei werden sie, dank einer steigenden Zahl an Übersetzungen (v.a. ins Französische) sowie zweisprachiger Ausgaben (okz.-frz.) auch für Leser zugänglich, die des Okzitanischen nicht mächtig sind. Für Sprachlerner besonders zu empfehlen, zum einen wegen der außergewöhnlichen Qualität seines Werkes, zum andern aufgrund seiner leicht zugänglichen Sprache, ist Joan Bodon *(La grava sul camin, La Santa Estèla del Centenari, La quimèra, Lo libre de Catòia, Lo libre dels grands jorns, Las Domaisèlas* (alles Romane), *Contes del meu ostal, Contes dels Balssàs, Contes del Drac, Contes de Viaur*).

3) Populär ist auch die zeitgenössische okzitanische Musik, die sich heute variantenreich präsentiert, zum einen traditionelle Strömungen weiterführt und zum andern ausgesprochen avantgardistisch und experimentierfreudig agiert.[13] Die über den Handel erhältlichen CDs und Cassetten sind wiederum für Sprachlerner interessant, da sie in der Regel neben den okzitanischen Originaltexten französische, zum Teil auch mehrsprachige Übersetzungen liefern.

8.4. Übung

Bitte übertragen Sie den gaskognischen Lektionstext ins Referenzokzitanische!

[13] Einen guten Überblick gibt hier die Arbeit von Andreas Kisters, *Un país que vòl cantar.* Okzitanische Musik der Gegenwart als Beispiel für Regionalismus in der populären Musikkultur, Wien: Beihefte zu Quo vadis, Romania?, Nr. 2, 1997.

Anhang

I. Lösungsschlüssel zu den Lektionsübungen

1. Lektion:

1.5.1. Marcèl [mar'sɛl]: [a'diu fe'lip! fa bɛl briɛu ke tai paz bist.]

Felip [fe'lip]: [tɛ! lu mar'sɛl. a'diu! ke fas a ru'des. sɛz em ba'kansɔs?]

Marcèl: [ke nu, milɔ'dius! te 'tryfɔz de jeu? sui beŋ'gyt per la 'fjɛrɔ de 'bɛstiɔs ke ja 'kadɔ prim'jɛ di'sat:e del mes. e ty, tra'baʎɔs tut'dʒun din tun li'sɛu?]

Felip: [ɔ. maz 'diɣɔ, as pas em'bedʒɔ de 'bewre yŋ kɔp al ka'fɛ. 'kresi ke se 'tʃarɔ 'meʎu ambe yn gɔt din las mas.]

Marcèl: [ba pla.]

im Café...

Felip: [ke bɔs?]

Marcèl: [ym pas'tis.]

Felip: [gar'su, dus pas'tises ambe du'libɔs, per pla'ze!]

lo garçon: [syl kɔp!]

Felip: [ala'bɛts, ta'gradɔs din ta 'bɔriɔ suli'tariɔ syl:ar'zak?]

Marcel: ['fɔrsɔ. ai 'tutɔ la fa'miʎɔ ambe jɛu e yn fyn de 'fedɔs.]

Felip: ['kantɔs nas de 'fedɔs amun'daut?]

Marcèl: ['kaðɔ an:ja mai. a 'lurɔ 'darɔ a'bɛn 'sinksen'katre. e frankɔ'men ku'mensi a na'be un sa'dul̥ de 'mulze tan. be'lɛu lan ke βe ne bau 'bendre la mi'tat e krum'pa de 'bakɔs. las bɔs pas ty mas 'fedɔs?]

Felip: lacht

Marcèl: [e ty te sɛs pas dʒa'mai plaɲ'yt da'be ki'tat la kam'paɲɔ]

Felip: ['gaire. lenseɲɔ'men ma tut'dʒum piɛβe'lat. e maj i duni de 'leisus dutsi'ta a les'kɔlɔ.]

Marcèl: [man kun'tat da'kɔ. mas bɛ'lɛu es pas lo 'nɔstre pa'tɛs.]

Felip: [tase'gyri kalzesku'las 'parli 'kumɔ ambe ty.]

Marcèl: [bjɛt'aze. lu pa'petɔ krej'rjɔ pas. el ke me kun'tabɔ 'kɛrɔŋ kasti'gats pel re'dʒen kam par'labɔn utsi'ta pen'den las 'klasɔs. natyralɔ'men lu par'labɔn 'kɛrɔ lur 'leŋgɔ maj'ralɔ.]

Felip: [sake'la ɥej per sal'ba lutsi'ta 'kumɔ 'leŋgɔ 'βibɔ kal maj ke 'kalkez 'urɔs a les'kɔlɔ. kal 'ynɔ suste'nensɔ puli'tikɔ.]

Marcèl: ['paure, la puli'tikɔ, me nu'kypi pas... e ku'si ke sjɔ me kal tur'na. mjɛt'dʒum pika'ra lɛu e mes'pɛrɔn a lus'tal pɛr di'na. ala'bɛts a'diu, pla mɛr'ses pel pas'tis e se bɔs, 'bɛni yn dʒ un a sɔ 'nɔstre.]

Felip: [ambe pla'ze. a'diu mar'sɛl...gar'su kant bus 'debi.]

1.5.2. dt. Übersetzung:

Marcèl: Hallo Felip. Ich habe dich schon lange nicht gesehen.

Felip: Schau an! Marcèl. Grüß dich! Was machst du in Rodez? Hast du Ferien?

Marcèl: Bei Gott, nein! Machst du dich über mich lustig? Ich bin wegen des Viehmarktes gekommen, der jeden ersten Samstag im Monat stattfindet. Und du, arbeitest du noch immer in deinem Gymnasium?

Felip: Ja. Aber sag, hast Du nicht Lust, etwas im Café zu trinken? Ich glaube, es plaudert sich besser mit einem Glas in der Hand.

Marcèl: In Ordnung.

im Café...

Felip: Was nimmst du?

Marcèl: Einen Pastis.

Felip: Herr Ober, zwei Pastis mit Oliven, bitte!

Ober: Sofort!

Felip: Also, gefällt es dir in deinem einsamen Bauernhof auf dem Larzac?

Marcèl: Sehr. Ich habe meine ganze Familie bei mir und eine Menge Schafe.

Felip: Wieviele Schafe hast du dort oben?

Marcèl: Jedes Jahr werden es mehr. Im Moment haben wir 50-. Und ehrlich gesagt, habe ich langsam die Nase voll vom vielen Melken. Vielleicht werde ich im kommenden Jahr die Hälfte verkaufen und Kühe anschaffen. Willst du sie nicht, meine Schafe?

Felip: lacht

Marcèl: Und du, hast du nie bereut, vom Land weggezogen zu sein?

Felip: Kaum. Der Unterricht hat mich immer fasziniert. Und außerdem gebe ich dort Okzitanischunterricht.

Marcèl: Man hat mir davon erzählt. Aber vielleicht ist es nicht unser Patois.

Felip: Ich versichere dir, daß ich zu den Schülern genauso spreche wie mit dir.

Marcèl: Donnerwetter! Der Großvater würde es nicht glauben. Er war's, der mir erzählte, daß sie vom Grundschullehrer bestraft wurden, wenn sie während des Unterrichts Okzitanisch sprachen. Natürlich sprachen sie es, schließlich war es ihre Muttersprache.

Felip: Trotzdem braucht es heute zum Erhalt des Okzitanischen als lebender Sprache mehr als einige Stunden in der Schule. Es bedarf einer politischen Unterstützung.

Marcèl: Du Armer, Politik, da mische ich mich nicht ein... Wie auch immer, ich muß gehen. Es wird gleich Mittag schlagen und ich werde zuhause zum Essen erwartet. Also tschüs, vielen Dank für den Pastis und wenn du Lust hast, komm uns doch mal einen Tag besuchen.

Felip: Mit Vergnügen. Tschüs Marcèl... Herr Ober, was bin ich Ihnen schuldig?

1.5.3. los dròlles, los braçes, de colors, las nuèches, de bòsques, los tèxtes, de femnas; l'amiga, la pastra, la nòvia, un rossinhòl feme, roja, granda, polida; lo mèstre, lo lop, un artista, negre, pesuc, fresc.

1.5.4. Fa bèl brieu que sèm pas anats dins un cafè. La bòria de Marcèl es granda e polida e i a un fum de fedas e de vacas. Los dos amics parlan de l'ensenhament de l'occitan e dels corses de lenga que Felip dona al licèu. A miègjorn Marcèl vòl èsser a l'ostal.

1.5.5. Marcèl e Felip son estats... seràn... van èsser; an charrat... Charraràn... Van charrar.. ; puèi son anats... anirèm... van anar...

* * *

2. Lektion:

2.5.1. aviá, diguèt, es, despartissètz, donatz, devi, diguèt, vòls, sès/ès, seràs, dobriguèt, despartiguèt, faguèt, s'en anèt, traversèt, arribèt, mercèt, calguèt, e logèt, mandèron, foguèt, aguèt, aviá, aviá, auriá, balhava, daissèt, agachava, volavan, veguèt, diguèt, es, an, vòlon, morissi.

2.5.2. a) Poiriatz obrir la fenèstra? Fa tròp caud aquí dedins. b) Sens ton ajuda auriái pas jamai acabat aqueste trabalh. c) S'èras vengut un pauc mai lèu, l'auriás encara encontrat. d) Ont son las claus? Benlèu nos las an panadas? e) Compreni pas vòstra question. La poiriatz tornar dire, se vos plai?

2.5.4. Son sèt oras e mièja; son onze oras manca cinc; es miègjorn un quart/son dotze oras un quart; es mièjanuèch/son vint-e-quatre oras; es una ora manca un quart; son cinc/dètz-e-sèt oras manca vint-e-cinc.

2.5.5. present: A sèt oras sortís de l'ostal per anar a la gara. Dins lo trèn legís lo jornal. Al burèu pausa lo mantèl dins l'armari e tròba un fum de dorsièrs sul burèu. Puèi dicta unas letras a la secretària. A 12.15 oras dinna ambe de collaborators dins lo restaurant de son ostal de comèrci. Aprèp tòrna trabalhar e pren lo cafè. De 14 a 16 oras va veire los clients. A 18 oras sortís de son burèu e dintra.
passat compausat: es sortit, a legit, a pausat, a trobat, a dictat, a dinnat, a tornat, a pres, es anat, es sortit, es dintrat;
preterit: sortiguèt, legiguèt, pausèt, trobèt, dictèt, dinnèt, tornèt, prenguèt, dintrèt, arribèt, dintrèt;
futur: sortirà, legirà, pausà, trobarà, dictarà, dinnarà, tornarà, prendrà, dintrarà, arribarà, dintrarà.

* * *

3. Lektion:

3.5.1. a) Me cal far mon trabalh. b) Te cal pas far tombar quicòm. c) Nos cal quitar lo capèl. d) Vos cal abocinar la carnsalada. e) Cal que parle ambe lo menaire. f) Cal que venga lèu. g) Cal pas qu'arriben abans nòu oras.

3.5.2.

affirmativ:			*verneinend:*		
Sg.	*Pl.*		*Sg.*	*Pl.*	
fai!	fagam!	fasètz!	fagas pas!	fagam pas!	fagatz pas!
parla!	parlem!	parlatz!	parles pas!	parlem pas!	parletz pas!
vèni!	vengam!	venètz!	vengas pas!	vengam pas!	vengatz pas!
quita!	quitem!	quitatz!	quites pas!	quitem pas!	quitetz pas!
abocina!	abocinem!	abocinatz!	abocines pas!	abocinem pas!	abocinetz pas!
arriba!	arribem!	arribatz!	arribes pas!	arribem pas!	arribetz pas!

3.5.3. a) Val mai que tornes legir lo tèxte/Val mai que legiscas lo tèxte un còp de mai. b) Ai paur que los amics vòlgan pas manjar mon cassolet. c) Lo quatre de febrièr de 2002 tomba un diluns. d) Se m'o avián demandat, lor auriái dich que lo teatre es barrat uèi. /Se m'avián demandat, lor auriái dich que lo teatre es barrat uèi. e) Ai un talent subregranda/grand que non sabi.

3.5.4. un libre interessant, un (libre) mai interessant, lo (libre) mai interessant
un lièch mofle, un (lièch) mai mofle, lo (lièch) mai mofle
una autò rapida, una (autò) mai rapida, la ([l']autò) mai rapida
una saca granda, una (saca) mai granda, la (saca) mai granda
un bon vin, un (vin) melhor, lo (vin) melhor
un vièlh relotge, un (relòtge) mai vièlh, lo (relòtge) mai vièlh.

* * *

4. Lektion:

4.5.1. a) Vivèm totes jos/sota la meteissa teulada. b) Vau en cò de mon fraire a Berlin. c) Per arribar a la gara, seguètz (oder: vos cal sègre) aquesta carrièra cap a la glèisa e puèi viratz (vos cal virar) a man esquèrra. d) A mon vejaire/avís fòrça politicians son pas que de tòcamanetas. e) A causa del marrit temps an degut remetre la partida de rubí al dissabte de la setmana que ven. f) Malgrat lo messatge que li ai daissat sul respondeire, m'a pas encara sonat/telefonat.

4.5.2. a) Perque/pr'amor que/a causa que Pèire a pas ausit lo revelh, arriba en retard a l'escòla. b) Encara que Magalí siá malauta, vòl participar a nòstra escorreguda. c) Cal que plòga mens si que non la vendémia serà marrida. *oder:* Se plòu pas mens la vendémia serà marrida. d) Se'n anèt sens dire pas res. e) A fin que la sopa siá plan gostosa, i cal metre fòrça alh.

4.5.3. a) A dormit pendent tot lo viatge lo pichon? Lo pichon a dormit pendent tot lo viatge? b) Te sembla interessant aqueste libre? Aqueste libre te sembla interessant? c) Quantas annadas as viscut a Tolosa? d) Ont s'es escondut lo gosset?

4.5.4. a) Mon paire qu'a setanta-sèt ans es un bon jogaire de tennís. b) Ièr anèri al musèu nacional que i aviá una mòstra de Breughel. c) Ai un collèga de Castèlnòudarri que sa sòrre fa un cassolet sabrós que non sabi. d) Sonarà una amiga que li donaràs aquesta novèla.

4.5.5. I a un escrivan... a) que sa lectura m'a totjorn pivelat/fascinat. b) que sas idèas m'an influenciat. c) sus los libres del qual podriái discutir d'oras e d'oras. d) qu'a despertat mon interès pel mond asiatic. e) que partegi ambe el la passion pel carnaval del Brasil.

4.5.6. a) Pèire-Joan sortís del cinèma. b) Es nuèch e lo mistral que bufa fa las plaças netas. c) Primièrament vira a drecha, endralha la carrièra pedonièra ont i a força botigas, passa pel quartièr dels atalhièrs ont se sentís l'odor de la fusta, va al long de l' avenguda e enfin arriba sus l'esplanada. d) La vida d'escolan de Pèire-Joan es acabada. Cal que tròbe un trabalh; mas i a pas res.

* * *

5. Lektion:

5.5.1. a) Deltelh l'aviá batejat atal a la demanda de son editor. b) Rufava las cilhas perque aviá l'impression que los títols dels romans que legissiá anonciarián quicòm de gaire galòi. c) Lo sonèt "aiatallà" perque li aviá parlat ambe un estrambòrd un pauc maladrech de son amor per l'autor Josèp Deltelh.

5.5.2. a) Ai pas gaire dormit la nuèch passada. b) N'aviá pro ausit per comprene. c) Cercam quicòm d'original per un present. d) Uèi cadun pòt vistalhar a gratis lo musèu tecnic renovat. e) Perqué tornam pas al meteis restaurant que dissabte passat? f) Ai pas jamai bon astre atal.

5.5.3. a) Jaume ditz qu'a pas léser de venir deman. b) Jaume diguèt qu'aviá pas léser de venir deman. c) Mon fraire a pretendut que Bordèu a perduda la partida de rubí contra Narbona. d) Mon fraire aviá prentendut que Bordèu aviá perduda la partida de rubí contra Narbona.

5.5.4. *metge:* Cossí va?/Cossí anatz?
client: Ai fòrça dolors del còr.
metge: Quantas cigarettas fumatz cada jorn?
client: Res que seissanta.
metge: Miladieus! Vos cal pas fumar tant. E bevetz d'alcoòl?
client: Benlèu doás botelhas d'aigardent pel jorn.
metge: Aquò's tròp! Vos cal beure mens! Avètz fòrça trabalh?
client: Òc ben. Trabalhi 14 oras cada jorn.
metge: Quaranta dieus! Vos cal trabalhar mens! E menatz viste ambe l'autò?
client: Pas mai de 180 kilomètres a l'ora.
metge: Anatz mai lentament! Fin finala, fasètz d'espòrt?
client: Eh non, fau pas brica d'espòrt.
metge: Eh ben, ne podètz far mai.

5.5.5. Per gardar sa santat lo metge ordena: a) se levar lo matin dètz minutas mai lèu que de costuma, b) dobrir la fenèstra, c) se metre de ventre, d) polsar prigondament, e) levar a l'encòp lo cap e las cambas, f) se levar, g) bolegar lentament los braces e las cambas, h) se clinar en davant, i) se tornar quilhar e polsar prigondament, j) s'assetar per tèrra, crosar los braces e levar los pès, k) repetir tot l'exercici, l) se dochar e se massar ambe una bròssa dura.

* * *

6. Lektion:

6.5.1. caçador/-ora, comprador/-ora, charrada (charra), avançada, maridatge, parcatge.

6.5.2. pensatiu/-iva, ventrut/-uda, agradiu/-iva, acabat/-ada, pauruc/-uga, finit/-ida.

6.5.3. a) Lo goset de ma sòrre a mordut lo factor. b) Un cafeton aprèp dinnar fa de ben. c) Per Nadal fasiá un fred que pelava. d) Malaürosament es pas lo nòstre filhòt que ditz ont nisan los faucilhs. e) Aprèp m'examèn farai la setmana dels sèt dimenges.

6.5.4.

Viena, lo 18 de genièr de 2002

Car Robèrt,

Soi plan content de te tornar legir (m'a fach fòrça plaser de tornar recebre de tas novèlas). E me fa tanben plaser d'aprene qu'a Tolosa tot se passa plan e qu'acabas los estudis d'aleman a l'universitat del Miralh. I a totjorn lo professor Fossat? Te'n sovenes? Es el que m'aprenguèt los primièrs mots d'occitan.

Aicí a Viena, estudiants e professors, venèm de far una longa cauma (grèva) que sa tòca èra de melhorar las condicions d'estudis o al mens de pèrdre pas las possibilitats qu'avèm a l'ora d'ara.

Mas diga, as pas enveja de tornar a Viena? Sètz totjorn convidats ta companha e tu, quora que siá que voldretz venir. E totes dos, ne profechariam per tornar charrar en occitan, la nòstra lenga.

plan coralament
Pèire

* * *

7. Lektion:

7.6.1. Disiam **tot(e)s "patoès"** e **èrem segurs** de **parlar pas** una lenga vertadièra. Degun aviá pas jamai dich **als** Bargelencs que **lor "patoès"** s'escriviá dempuèi l'Edat Mejana e que i aviá encara fòrça escrivans. De **racontes**, de faulas, de sornetas, de cançons se n'entendiá dins l**as** velhadas e **las** fèstas. S'escotavan ambe plaser, ambe jòia, mas sens que se i estaquèsse la mendre valor. **Se'n** profechava coma d'un bon talhon, d'una botelha vièlha, d'un espectacle **del** circ barrutlaire e **de las** mariòtas **del** cafè lo dissabte, **de** causas fòrça gostosas, mas consideradas **de passatemps**, colhonitges.

A Ponhadoressa, un vilatge pròche, lo Filió, qu'escriviá de poësias en lenga d'òc, o fasiá per amusar lo mond e **degun** coneissiá pas **sos qualques** papièrs estampats. Dins son molin, sus Tava, lo Mercièr, un molinièr **poeta** romantic, que vos declamava d'un vam "Lo cabús d'un àngel" **de** Lamartina, sabiá, el, que s'escriviá de bona besonha en occitan; aviá de libres, de diccionaris **provençals** e lengadocians. Fasiá dançar ambe son violon davant catòrze, quilhat sus un mièg-muòg. Disián: "Es un mercant d'idèias, **fa** bèn virar lo molin, mas manja **sos** sòus per de libres luòga de crompar de braias". Lo Mercièr pasmens vesiá pro clar. **Me n'**avisèri puèi. Sa veusa m'assabentèt fòrça sus el, de temps après sa mòrt. Consèrva uèi, piosament **los** libres **del poeta**-molinièr que, s'escriguèt pas, sabiá sentir la vida [...]

La lenga occitana, tan viva pasmens, èra mai que mai desconsiderada **per** l'escòla qu'aviá per tòca, desempuèi sa creacion, de la tuar ambe l'ensenhament exclusiu **del** francés. Las armas de Joan Baranhòl, **las** aviá pas engimbradas, çò que me **fa** dire qu'èra de segur un bòn diable. **Las** i avián balhadas a l'escòla. **Los** superiors conselhavan de còps **qualques** recètas que se sentiá constrench d'emplegar.

Eri dins **mos** nòu ans quora lo mèstre apliquèt "lo signe", aquel mejan repressiu ja vièlh. Balhèt un matin una bobina de fil **vuèga** a un escolan; i aviá marcat dessús: "Bon pour cent lignes". E la caça èra dobèrta. Una caça ont lo gibièr èra **del** costat **del** caçaire pèr lo biais de la delacion forçada. Quora aviatz la bobina vos entanchaviatz de trobar un camarada que parlèsse occitan. Aviatz pas tròp de lagui per aquò faire, e i balhaviatz lo signe. Cada matin a uèch oras, lo trabalh primièr de Joan Baranhòl èra de demandar lo titulari de la bobina. Sabiá ja aquel d'aquí que n'èra pèr **sas** cent linhas e durbissiá mai la caça **al "patoès"**.

La tòca èra de nos far parèisser lo parlar occitan **tan** vergonhós coma la rapina dins l'òrt del vesin; pèr aquò la ceremoniá **del** signe èra a la **dintrada** de la batuda, davançava la leiçon de morala. Se passava tot naturalament de la fauta màger **del patoès**, a la tièra **de las** fautas estampadas dins lo libre grand que gardaviam coma un catequisme sièis ans de temps [...]

7.6.2. Genièr dins la legenda aviá vint-e-nòu jorns. **Febrièr** n'en aviá trenta. L'autre n'èra gelòs. Genièr en **aquel** annada aprèp lo **guilhanèl** viviá son darrièr ser.

Una vièlha **caminava** dins los **bòsques**. **Paura** vièlha que fasiás-tu dins lo bòsc?

Se mocava la vièlha: "Genièr, s'es **acabat** ton fred me pica gaire. Deman se levarà." "Presta-me doás jornadas!" **alavetz** dissèt Genièr. **Atal** faguèt **Febrièr**.

Veja, la vièlha, e lo fred se **fa** mai fòrt. **Veja**, la vièlha que Genièr **es** pas mòrt.

Los dos laires de rire e de foetar de **freg** e **gèla que gèla** la vièlha moriguèt. Mas Genièr sens paraula jamai pus **a pas tornats** los dos jorns a **Febrièr**.

Ah, las 'vièlhas', aquò's per **aquò** que **Febrièr** per **una** vièlha es pas tan long coma Genièr.

* * *

8. Lektion:

8.4. *Martina*: Que fa calor! Cresi qu'anam poder sortir. Agacha aquel cèl blau! La meteò ditz que lo bèl temps deu contunhar tota la setmana.

Miquèl: Mesfisa-te! La meteò de París coneis pas res del temps que fa aicí. S'engana tostemps. Quand las montanhas son claras aquò vòl dire que farà maissant temps. I a un provèrbi d'en cò nòstre que ditz: "Montanha clara, Bordèu escur, plèja de segur!" E deman i a lo càmbiament de luna... e quand la luna càmbia, lo temps càmbia tanben.

Martina: Creses, tu, que cal espiar la luna e las estelas per tal de conéisser lo temps?

Miquèl: Es tan segur coma las previsions de la meteorologia.

Martina: Cossi que siá podèm profechar del solelh. Lo mes passat poguèrem pas metre lo nas en defòra, de tant que ploguèt.

Miquèl: Pòdes veire, lo climat de l'Occitània atlantica es plan diferent del climat de l'Occitània mediterranenca. Cap a la Mediterranèa, lo temps es sec e caud, sonque dins lo val de Ròse quand lo mistral bufa, pendent l'ivèrn... alavetz fa un freg de lop. En cò nòstre, en Bearn, lo temps es umide e caud e l'ivèrn es tostemps doç.

Martina: Es vertat, en Bearn la sason mai agradiva es l'auton: sovent se perlonga cap al mes de genièr. Ieu, aconselhi pas jamai als amics que vengan al Bearn a la prima ni tanpauc en estiu. Las nòstras primas son plujosas e los estius tròp cauds.

II. Verbflexion (Übersicht)

regelmäßige Tempusendungen der Verben mit dem Infinitiv auf -ar (1. Gruppe), -ir (2. Gruppe) und -re/-er (3. Gruppe):
(Abkürzungen: S = Verbstamm, I = Infinitiv)

	1. Gruppe	2. Gruppe		3. Gruppe
	trabalh-ar	Typ ***leg-ir***	Typ ***sent-ir***	***bat-re***
indicatiu/Indikativ				
present	S-i	S-issi	S-i	S-i
(Präsens)	S-as	S-isses	S-es	S-es
	S-a	S-ís	S	S
	S-am	S-issèm	S-èm	S-èm
	S-atz	S-issètz	S-ètz	S-ètz
	S-an	S-isson	S-on	S-on
passat compausat: Präsens des Hilfsverbs *èsser/èstre* oder *aver* + Partizip Perf.				
(Perfekt)	S-at, -ada	S-it, -ida		S-ut, -uda
imperfach	S-avi	S-issiái	S-iái	S-iái
(Imperfekt)	S-avas	S-issiás	S-iás	S-iás
	S-ava	S-issiá	S-iá	S-iá
	S-àvem	S-issiam	S-iam	S-iam
	S-àvetz	S-issiatz	S-iatz	S-iatz
	S-avan	S-issián	S-ián	S-ián
preterit	S-èri	S-iguèri		S-èri
(histor. Perfekt)	S-ères	S-iguères		S-ères
	S-èt	S-iguèt		S-èt
	S-èrem	S-iguèrem		S-èrem
	S-èretz	S-iguèretz		S-èretz
	S-èron	S-iguèron		S-èron
preterit compausat: Histor. Perf. d. Hilfsverbs *èsser/èstre* oder *aver* + Part. Perf.				
	S-at, -ada	S-it, -ida		S-ut, -uda

plus que perfach: Imperfekt des Hilfsverbs *èsser/èstre* oder *aver* + Part. Perfekt:			
(Plusquamperfekt)	S-at, -ada	S-it, -ida	S-ut, -uda

futur	I-ai	I-ai	I[14]-ai
(einfaches Futur)	I-às	I-às	I-às
	I-à	I-à	I-à
	I-em	I-em	I-em
	I-etz	I-etz	I-etz
	I-àn	I-àn	I-àn

futur anterior: Futur des Hilfsverbs *èsser/èstre* oder *aver* + Partizip Perfekt:			
(Futur II)	S-at, -ada	S-it, -ida	S-ut, -uda

futur compausat	Präsens des Verbs *anar* + Infinitiv
(periphratisches Futur)	

condicional/Konditional

condicional present	I-iái	I-iái	I[15]-iái
(Konditional Präsens)	I-iás	I-iás	I-iás
	I-iá	I-iá	I-iá
	I-iam	I-iam	I-iam
	I-iatz	I-iatz	I-iatz
	I-ián	I-ián	I-ián

condicional passat: Konditional des Hilfsverbs *èsser/èstre* oder *aver* + Part. Perf.:			
(Konditional Imperfekt)	S-at, -ada	S-it, -ida	S-ut, -uda

subjonctiu/Konjunktiv

present	S-e	S-isca	S-a	S-a
(Präsens)	S-es	S-iscas	S-as	S-as
	S-e	S-isca	S-a	S-a
	S-em	S-iscam	S-am	S-am
	S-etz	S-iscatz	S-atz	S-atz
	S-en	S-iscan	S-an	S-an

[14] Bei Verben mit dem Infinitiv auf -re ohne -e.
[15] Bei Verben mit dem Infinitiv auf -re ohne -e.

imperfach *(Imperfekt)*	S-èsse S-èsses S-èsse S-èssem S-èssetz S-èsson	S-iguèsse S-iguèsses S-iguèsse S-iguèssem S-iguèssetz S-iguèsson	S-èsse S-èsses S-èsse S-èssem S-èssetz S-èsson

imperatiu affirmatiu[16] *(affirmative Befehlsform)*	S-a S-atz	S-ís S-issètz	S S-ètz	S S-ètz

gerondiu *(Gerundium)*	S-ant	S-issent	S-ent	S-ent

adjektiu verbal *(Verbaladjektiv)*	S-ador, -adoira	S-idor, -idoira	S-edor, -edoira

III. Wörterverzeichnis

III.1 Okzitanisch-Deutsch

a — in, nach, zu, bei
abans — vor (zeitlich)
abocinar — kleinschneiden
abrial, m. — April
acabar — beenden, vollenden
acarar — konfrontieren, gegenüberstellen
acrina, f. — Bergkamm
adieu — Hallo! (Duzform)
adieu-siatz — Guten Tag! (Siezform)
aflocar — heranströmen, herbeiströmen, fließen
afogat, -ada — hingerissen, heftig, wild
agachar — schauen, betrachten
agost, m. — August
agradar — gefallen
aicí — hier
aiga, f. — Wasser
aigacorrent, f. — fließendes Wasser

16 Der affirmative Imperativ für die 1. Person Plural sowie alle Formen des verneinten Imperativs werden mit Hilfe des subjonctiu present gebildet.

aimar	lieben, gernhaben
aire, m.	Luft
aitan(t)	ebenso, ebensosehr
ajónher	erreichen
ajustar	hinzufügen
alassar	ermüden, langweilen
alavetz	also
al còp	zugleich, gleichmaßen
alegrar	erfreuen, erheitern
alenar	atmen
a l'encòp	gleichzeitig
a l'entorn de	um herum
alh, m.	Knoblauch
aiatallà, m.	Ajatollah, geistl. Würdenträger im schiitischen Isalm
a l'ora d'ara	im Moment, derzeit
ambe	mit
ambe plaser!	mit Vergnügen!
amenar	mitnehmen
a mesura que	in dem Maße, in dem
amondaut	dort oben
amusar	unterhalten, amüsieren
an, m.	Jahr
anar	gehen
anecdòta, f.	Anekdote
annada, f.	Jahr (in seinem Verlauf)
anonciar	ankündigen
a palpas	blindlings
apassionat, -ada	leidenschaftlich, hingerissen
apelar	heißen
aplicar	anwenden, benutzen
aprene	lernen, erfahren
aprèp/après	nach
aprivadar	zähmen
aquel, a	dieser dort, diese dort
aqueste, -ta	dieser hier, diese hier
aquí	hier
aquò	dieses, das
ara	jetzt
arma, f.	Seele, Waffe
arrestar	anhalten, festhalten
arribar	ankommen, eintreffen
ase, m.	Esel
assabentar	informieren, unterrichten
assegurar	versichern
atal	so, auf diese Weise
atalhièr, m.	Werkstatt, Atelier
atalhonar	kleinschneiden
atentiu, -iva	aufmerksam
atmosfèra, f.	Atmosphäre
atomic, -a	atomar
a travèrs	quer durch, über etwas
auca, f.	Gans
autre	andere(r,s)
avenguda, f.	Allee
aventura, f.	Abenteuer
aver	haben
aver besonh	nötig haben
aver enveja de	Lust haben zu
avesinar	nahekommen, angrenzen an
aviator, m.	Flieger
avisar	bemerken, unterrichten, warnen

badant, -a	weit offen
bal, m.	Ball, Fest
balhar	geben
banc, m.	Bank
barrutlaire, m.	Vagabund, Landstreicher
batejar	taufen, benennen
batuda, f.	Treibjagd
ben	gut, recht
benlèu	vielleicht, möglicherweise
besonh	Bedarf, Bedürfnis, Mangel, Not
besonha, f.	Arbeit, Beschäftigung, Werk
bèstia, f.	Vieh, Tier
beure	trinken
beure un còp	einen Schluck trinken

blanc, -a	weiß
bobina, f.	Spule, Garnspule
bogre, m.	Kerl
bolegar (se)	(sich) bewegen, sich rühren
bolhon, m.	Bouillon, Brühe
bon, -a	gut(e)
bordilhas, f. pl.	Abfälle
bòria/bòrda, f.	Bauernhof
borrolat, -ada	erschüttert durcheinandergebracht
bòsc, m.	Wald, Holz
botar/metre	setzen, stellen, legen
botelha, f.	Flasche
botiga, f.	Laden
braç, m.	Arm
braias/bragas/ cauças, f. pl.	Hose
brieu, m.	Moment, Augenblick
buf, m.	Atem, Blasen
bufar	blasen, wehen, pusten
butada, f.	Stoß, Schub, Druck
butar	schieben, stoßen, drücken

caça, f.	Jagd
caçaire, m.	Jäger
cacibralha, f.	Pöbel
cacilha, f.	Wildbret, Opfer, Beute
cassolet, m.	Caçoulet, ein Ragout mit weißen Bohnen
cada	jeder, jede, jedes
cadena, f.	Kette
cadièra, f.	Stuhl
carrièra pedonièra, f.	Fußgängerzone
calanca, f.	kleine Bucht
caler	bedürfen, müssen
calor, f.	Wärme, Hitze
camba, f.	Bein
camarada, m./f.	Kamerad/in
camin, m.	Weg
caminar	gehen, laufen
camisa, f.	Hemd
campanha, f.	Land(leben)
cançon, f.	Lied
cande, -da	rein, klar
canton, m.	(Straßen-)Ecke, Winkel
cap, m.	Kopf
cap a	bis
capèl, m.	Mütze
çaquelà	trotzdem, gleichwohl
cara, f.	Gesicht
carbonièra, f.	Kohlebergwerk
cargar	(be)laden, beauftragen
carnsalada, f.	gesalzenes Schweinefleisch
carrejar	transportieren, herumfahren
carrièra, f.	Straße
carròta, f.	Mohrrübe, Karotte
casabec, m.	Spencer, enganliegende Weste
castigar	bestrafen
catastròfa, f.	Katastrophe
catequisme, m.	Katechismus
cauças/bragas/ braias, f. pl.	Hose
caud, -a	heiß
ceba, f.	Zwiebel
cèl, m.	Himmel
cerca, f.	Suche
cercar	suchen
ceremoniá, f.	Zeremonie
chapladura, f.	geriebenes Brot
charrar	plaudern
cilha, f.	Augenbraue
cima, f.	Gipfel
cinèma, m.	Kino
circ, m.	Zirkus
circ barrutlaire, m.	Wanderzirkus
cla(u)fir	vollstopfen, anfüllen

clavèl de giròfle, m.	Gewürznelke
clinar	beugen
çò	das, dieses, jenes
codena, f.	Speckschwarte
còire	kochen
colèra, f.	Zorn, Wut
colhonitge, m.	Dummheit, Spielerei
collèga, m./f.	Kollege/Kollegin
color, f.	Farbe
coma	so wie, als
començar	beginnen, anfangen
complèt, -a	vollständig
comunitat, f.	Gemeinschaft, Gemeinwesen
conéisser	kennen
confir	einmachen
conhat, m.	Schwager
consciéncia, f.	Bewußtsein
conservar	aufbewahren, konservieren, bereithalten
considerar	betrachten, erwägen, halten für
constrénher	zwingen, nötigen
contar	erzählen
content, -a	zufrieden
contra	gegen
còp, m.	Mal, Zug, Schluck
copar	schneiden, unterbrechen, durchqueren
còr, m.	Herz
córrer	laufen, auch: gehen
còs, m.	Körper
cossí	wie
cossí que siá	wie dem auch sei
còsta, f.	Küste
costat, m.	Seite
creacion, f.	Schaffung, Gründung
creire	glauben
crespelar	zusammenziehen, falten

cridar	rufen, zurufen, ausrufen, schreien
crompar/comprar	kaufen
crosar	kreuzen, durchkreuzen, begegnen
crus, -a	roh
curat, m.	Priester
cutar/cotar	stürzen
d'acòrdi	einverstanden
daissar/laissar	lassen, verlassen, aufgeben
dançar	tanzen
darrièr	hinter
davançar	vorausgehen, vorangehen
davant	vor
de	von, aus, mit, für, vor, nach, wegen
decembre	Dezember
declamar	deklamieren, aufsagen
de còps	manchmal
degun	niemand
dejunar	frühstücken
delacion, f.	Denunzierung, Anzeige
de long	entlang
demai, m.	Überschuß, Rest
deman	morgen
demandar	fragen, verlangen
demorar	bleiben, wohnen
dempuèi/despuèi	seit
descadenar	ausbrechen, entfesseln, toben
descofar	die Kopfbedeckung abnehmen
desconsiderar	mißachten, geringschätzen
desconegut, -uda	unbekannt
desfacha, f.	Niederlage

desrevelhar	aufwecken, hervorrufen
desvestir	entkleiden, entblößen
det, m.	Finger
dètz ans a	zehn Jahre ist es her, vor zehn Jahren
deure/dever	müssen, schulden
diable, m.	Teufel, Kerl
diccionari, m.	Wörterbuch
dinnar	zu Mittag essen
dins	in
dintrada, f.	Beginn, Eintritt
dintrar	hineingehen
dire	sagen
dissabte, m.	Samstag
dobèrt/ dubèrt, -a	offen, geöffnet
dobrir/dubrir/ durbir	öffnen
doçament	sanft, langsam
doçor, f.	Sanftmut, Freundlichkeit
Dòna	Frau (Anrede)
donar	geben
donc	also, denn, folglich
dos, doás	zwei
dròlle, -la, m./f.	Junge, Mädchen
dubrir	öffnen
d'un costat ... de l'autre	auf der einen Seite... auf der anderen
edat, f.	Alter
Edat Mejana, f.	Mittelalter
editor, m.	Herausgeber, Verleger
embelinar	verzaubern, entzücken
embraçar	umarmen, küssen, erfassen
emisfèra, f.	Hemisphäre, Erdhalbkugel, Himmelshalbkugel
emplegar	anwenden, benutzen
en	in, nach, bei, während
encara	noch
cò/en cò/	
en cò de	bei
en cò nòstre	bei uns
endacòm	irgendwo
endavant	zukünftig
endralhar	durchqueren
enfin	endlich, schließlich
enganar	täuschen, betrügen
engimbrar	einführen, vorbereiten, organisieren, aufstellen
enlòc	nirgends
ensajar	versuchen
ensemble	zusammen
ensenhament, m.	Schulwesen
entendre	hören
entre	zwischen
entrò	bis
enveja, f.	Lust, Freude
envòl, m.	Abflug
envolar	abfliegen, fortfliegen
èr, m.	Luft
èrba, f.	Kraut, Gras
escasença	Gelegenheit
esclairar	erhellen
escòla, f.	Schule
escolan, m.	Schüler
escotar	hören, zuhören, lauschen
escriure	schreiben
escrivan, m.	Schriftsteller, Autor
esparpalhar	ver-/zerstreuen
espècia, f.	Spezies, Art, Sorte
espectacle, m.	Spektakel, Schauspiel
espectator, m.	Zuschauer
esperar	(er)warten, hoffen
espèra, f.	Hoffnung, Erwartung
esquichar	pressen, drücken
esquina, f.	Rücken, Rückgrat, Kreuz
esquina de pòrc, f.	Schweineschulter

èsser/èstre	sein
estacar	befestigen, beimessen
estalviar	sparen, schonend behandeln
estampar	drucken, abdrucken
estorrir	abtropfen lassen
estrambòrd, m.	Begeisterung, Elan
estudiar	studieren, lernen
eternitat, f.	Ewigkeit
exclusiu, -iva	ausschließlich, exklusiv
experiéncia, f.	Erfahrung
explicar	erklären, erläutern
fa bèl brieu	es ist lange her
factor/ portaire, m.	Briefträger
faire fin/ arribar a la fin	zum Ende kommen, aufhören
fam, f./ talent, m.+f.	Hunger
familha, f.	Familie
fanal, m.	Laterne, Scheinwerfer
fa bèl temps	es ist schönes Wetter
far/faire	tun, machen
fau, m.	Buche
faula, f.	Fabel
fauta/deca, f.	Fehler
feda, f.	Schaf
femna, f.	Frau
fèsta, f.	Fest, Festlichkeit
fièra, f.	Markttag
fin, -a	fein
fin, f.	Ende, Schluß
finir/acabar	beenden, vollenden
fins a	bis
flandrinejar	umherschlendern, bummeln
fons, m.	Boden
font, f.	Quelle, Brunnen
fòra	außerhalb, ausgenommen
fòra sèria	außergewöhnlich
fòrça	sehr; n. f. Kraft, Stärke
forçar	zwingen, erzwingen
forqueta, f.	Gabel
forquetaire, m.	'Gabelhalter' (Esser)
fraire, m.	Bruder
francament	frei heraus, ehrlich gesagt
freg, freja	frisch, kalt
fuèlha, f.	das Blatt
fumar/tubar	rauchen
fumarla, f.	Nebelstreifen
fusta, f.	Bauholz, Balken
gaire	kaum
gaireben	fast
gaitar	anschauen, betrachten
galar	amüsieren, erfreuen
galipeta, f.	Gefräßigkeit, Maßlosigkeit
galòi, -a	unterhaltsam, amusant
gèni, m.	Genie
gentilesa, f.	Anmut
geologic, -a	geologisch
gibièr, m.	Wildbret, Opfer, Beute
glèisa, f.	Kirche
gostós, -osa	schmackhaft, köstlich, ergötzend
gòt, m.	Glas
grand, -a	groß
grassa/ graissa, f.	Fett, Schmalz
gris, -a	grau
guerrièr, m.	Krieger
guit/rit, m.	Ente
icòna, f.	Ikone
idè(i)a, f.	Idee, Vorstellung, Einfall
ièr	gestern
ieu	ich
imatge, m.	Bild
incomparable	unvergleichlich
innocent, -a	unschuldig

inocent, -a	dumm
inutil, -a	nutzlos, vergeblich, überflüssig
iscla/illa, f.	Insel
istòria, f.	Geschichte, Erzählung
ja	schon, bereits
jamai	niemals
jardin, m.	Garten
jaune, -na	gelb
jòia, f./ gaug, m.	Freude
joinessa/ joventut, f.	Jugend, Jugendalter
jol (jos+lo)	unter dem, unter das
jorn, m.	Tag
jornal, m.	Zeitung
jos	unter
jove	jung
lagui, m.	Mühe, Sorge
laissar/daissar	lassen, verlassen, aufgeben
l'an que ven	im nächsten Jahr
Larzac	Hochplateu im Süden Frankreichs
lecar	(ab-)lecken
legir	lesen
leiçon, f.	Lektion, Unterricht
leiçon d'occitan, f.	Okzitanischstunde, Okzitanischunterricht
lenga, f.	Zunge, Sprache
lenga mairala, f.	Muttersprache
lengatge, m.	Sprache, Sprechweise
lèu	bald
lèu-lèu	schnell
libertat, f.	Freiheit
librariá, f.	Buchladen
libre, m.	Buch
licèu, m.	Gymnasium
linha, f.	Linie
literalament	buchstäblich
liura, f.	Pfund
longtemps	lange
luènh	fern, weit entfernt
luòga/ al lòc de/que	statt, anstatt
Madama/ Dòna	Frau (Anrede)
mai	mehr
mainatge, m.	Kind
maire, f.	Mutter
mal, -a	schlecht, übel
mal, m.	Übel, Schlechtes, Unheil
maladrech, -a	ungeschickt
man, f.	Hand
mancar	fehlen
manjar	essen
manténer	aufrechterhalten, stützen
maquilhatge, m.	Schminke
mar, f.	Meer
marcar	kennzeichnen, anzeigen, bestimmen
mariòta, f.	Marionette
mas	aber
masc, m.	Zauberer
mas que	mehr als
massar	massieren
matin, m.	Morgen
mejan, m.	Durchschnitt, Mittel
menaire, m.	Chauffeur
mens de	weniger
mercant, m.	Händler, Kaufmann
mercejar	danken, bedanken
mercés!	danke!
mes, m.	Monat
mesclar	mischen, einmischen, vermischen
messatge, m.	Botschaft
mèstre, m.	Meister, Grundschullehrer

meteis	selbst, sogar; lo meteis/la meteissa – derselbe/dieselbe; el meteis - er selbst
metre	setzen, stellen, legen
mièg, mièja	halb-, Halb-
miègjorn, m.	Mittag
mièg-muòg, m.	Hohlmaß: ca. 300 Liter
miladieus!	Ausruf der Unzufriedenheit
mistral, m.	heftiger, meist trockener und kalter Fallwind aus nördlicher Richtung
mitat, f.	Hälfte
mofle, -la	weich
molin, m.	Mühle
molinièr, m.	Müller
mólzer	melken
mond, m.	Welt, Leute
mongeta, f.	Bohne
montanha, f.	Berg, Gebirge
montar	hinaufsteigen
morala, f.	Moral, Ethik
mortal, -a	sterblich, vergänglich
mot, m.	Wort
muralha, f.	Mauer
nanet, m.	Zwerg
naturalament	natürlich
naut , -a	hoch
n'aver un sadol	die Nase voll haben
negre	schwarz
net, -a	sauber, rein
nívol, m.	Wolke
non-res, m.	Nichts
nos	uns
nuèch/nuèit, f.	Nacht
nus/nud, -a	nackt
o	es, das, dieses
oblidar	vergessen
òbra, f.	Werk
òc	ja
ocasion, f.	Gelegenheit, Anlaß
occitan	okzitanisch
odor, m.	Geruch, Duft
ola, f.	Topf
òm	man
òme, m.	Mann
ondada, f.	Welle, Woge
ora, f.	Stunde
ordenar	verschreiben, auftragen
òrt, m.	Gemüsegarten
ortografíc, -ca	orthographisch, die Rechtschreibung betreffend
ostal, m.	Haus
ostalariá, f.	Hotel
padèla, f.	Pfanne
pagar	zahlen, bezahlen
paire, m.	Vater
país, m.	Land
papeta, m.	Großvater
papièr, m.	Papier, Text, Dokument
paraula, f.	Wort
paréisser	erscheinen
parlar	sprechen, reden
passar	vorüber-/vorbeigehen, überqueren, überwinden
passatemps, m.	Zeitvertreib
pastar	durchdringen, erfüllen
pastís, m.	Pastis (Aperitif)
patés/ patoès, m.	Mundart (oft pej.)
pauc	wenig
paur, f.	Angst, Furcht
paure	arm (adj.), Du Armer! (subst.)
pausar	setzen, stellen, legen,
pè, m.	Fuß

pecol, m.	(Möbel-)Fuß, (Möbel-)Bein
pèira, f.	Fels
pendent	während
penjar	hängen, beugen
pensada, f.	Gedanke, Denken
pensament/ pèssament, m.	Sorge, Kummer
pensar	denken
per	durch, für, als, damit
per delà	von jenseits
pèrdre	verlieren
se vos plai!/ per plaser!	bitte!
perqué	warum?
perque	weil
pertot	überall
picar	stechen, klopfen, läuten
pichon, -a	klein(e)
pitre, m.	Brust
pivelar	begeistern
plaça, f.	Platz
plaid, m.	Plädoyer
plan	gut, sehr; n. m., Plan, Entwurf
plan de temps	eine lange Zeit
plànher	bereuen
plan mercés	vielen Dank!
plan planet/ lentament/ doçament	langsam
plaser, m.	Vergnügen, Freude
platana, f.	Platane
plegar	zusammenfalten, knicken, beugen
plenitud, f.	Fülle
plòure	regnen
poder	können
poderós, -osa	mächtig, stark, gewaltig
poesia, f.	Poesie, Dichtung
poirir	verfaulen
polit, -ida	schön(e)
polsar	(ein)atmen
ponh, m.	Faust
possible	möglich
pòt, m.	Lippe
prene	nehmen
prèp	nahe bei, in der Nähe
prètz, m.	Preis
primièr, - ièra	der/die erste
profechar	profitieren, Nutzen ziehen/haben
prometre	versprechen
pro	genug, ausreichend
puèg, m.	die Berg(kuppe)
Puèg Domat	höchster Berg der Auvergne
puèi	dann, darauf

que?	was?
qual, -a	derjenige, diejenige
qualque	einige
quand	wenn
quant(es), quanta(s)?	wie viel(e)?
quartièr, m.	(Stadt-)Viertel
quasèrn, m.	Schreibheft, Heft
quicòm	etwas
quilhar	aufrichten, aufstellen, aufrecht halten
quitament	selbst, sogar
quitar	verlassen
quora	wann?

raconte, m.	Erzählung, Bericht
rapina, f.	Plündern, Marodieren, Felddiebstahl
rason, f.	Vernunft, Verstand, Grund
recè(p)ta, f.	Rezept, Ertrag
recobrir	bedecken
reconéisser	wiedererkennen
regalar	schenken
regent, m.	Grundschullehrer
relevar	auf-/hochheben
remiracion, f.	Bewunderung

res/ren	nichts
res que	nur
respirar	(ein)atmen
respondre	antworten
repressiu, -iva	repressiv, unterdrückend
retorn, m.	Rückkehr
reveire/ tornar veire	wiedersehen
revenge, m.	Revanche, Rache, Vergeltung
revirar	übersetzen
revolumar	wirbeln
rire	lachen
risèia, f.	Lachen, Gröhlen
riseta, f./ sorrire, m.	Lächeln
risolet, m.	leichtes Lächeln
ròc, m.	Felsen, Klippe
roge	rot
roïna, f.	Ruine
romantic, -a	romantisch
ronflada del vent, f.	Windböe
ròtle, m.	Rolle, Aufgabe
rufar	runzeln, in Falten ziehen
rufar las cilhas	die Stirn runzeln
saber	wissen, kennen
sacrat, -ada	heilig
sai que	zweifellos, wahrscheinlich
salar	salzen
salcissa, f.	Wurst
salvar	retten
s'amolonar	sich anhäufen
s'arrapar	Wurzeln fassen
s'assetar	sich setzen
sautar	springen
s'avisar	feststellen, sich klar machen
sec, -a	trocken
segur, -a	sicher
semblar	scheinen, erscheinen
sen, m.	Sinn
Sénher	Herr (Anrede)
se mesurar	sich messen
se mostrar	sich zeigen, sich blicken lassen
s'enamorar	sich verlieben
se n'anar	fortgehen
s'encavar	sich einkellern, sich eingraben
se salvar	sich retten, sich in Sicherheit bringen
sens(e)	ohne
s'entanchar	sich beeilen
se pagar	sich leisten, sich genehmigen
ser, m.	Abend
s'esclarcir	sich aufhellen
s'encontrar	sich treffen, sich zusammenfinden
se retenir	sich zurückhalten
se sarrar	zusammendrücken, absperren, anziehen, herannahen
setmana, f.	Woche
se trufar de	sich lustig machen über
se quichar/ se cachar	sich zusammenziehen
sièis	sechs
signe, m.	Zeichen, Signal
s'imaginar	sich vorstellen
sòl, m.	Boden
solelh, m.	Sonne
solid, -a	sicher, überzeugt
solitàri, ària	einsam
sòmi, m.	Traum
sopar	zu Abend essen
sorneta, f.	Plauderei, Geschwätz
sòrre, f.	Schwester
sorrire	lächeln; n. m., Lächeln
sortida, f.	Ausgang
sortir	fortgehen, herausholen

sosta, f.	Kredit, Bunker
sostenença, f.	Unterstützung
sòu, m.	Sou, Pfennig
sovent	oft
suènh, m.	Pflege
sul còp!/	
sul pic!	sofort!
superior, m.	Vorgesetzter
sus	auf
susprene	überraschen, erstaunen
sustot	vor allem
tafurar	herumwühlen
talent, m.+f./	
fam, f.	Hunger
talhon, m.	Stück, Bissen
tampar	verschließen
tanben	auch, ebenfalls
tanpauc	ebensowenig
tant, -a	soviel, sosehr, dermaßen
tant val dire	sozusagen
tap, m.	Korken, Stöpsel
tard	spät
taulada, f.	Tischgesellschaft
tempèsta, f.	Sturm, Unwetter
temporada, f.	Zeitabschnitt, Periode
temps, m.	Wetter, Zeit
tè(n)!	Ausdruck der Überraschung
tenir	halten, festhalten, fassen, packen
tèrra, f.	Erde
terralha, f.	irdener Schmortopf
tièra, f.	Reihe, Auswahl, Serie
tirar	ziehen
títol, m.	Titel
titulari, m.	Titular, Inhaber
tòca, f.	Ziel
tomata, f.	Tomate
torre, f.	Turm
tornar	drehen, zurückkehren (adv.: erneut)
tornejar	herumgehen um
tot, -a	ganz
totjorn	immer (noch), stets
trabalh, m.	Arbeit
trabalhar	arbeiten
trempar	einweichen, eintauchen
tres	drei
tripa, f.	Darm, Eingeweide
trist, -a	traurig
tristum, m.	Anflug von Trauer
trobar	finden
tròç, m.	Stück
tròp	zuviel
tuar	töten, umbringen
tubar/fumar	rauchen
tustar	schlagen, stoßen
uèi	heute
uèlh, m.	Auge
uman, -a	menschlich
umanitat, f.	Menschheit, Menschlichkeit
un fum deeine	Menge (von)
unic, a	einzig(artig)
univèrs, m.	Universum, All
un pauc	ein bißchen
vaca, f.	Kuh
vacanças, f. pl.	Ferien
valer	wert sein, gelten
valor, f.	Wert, Bedeutung
vam, m.	Zug, Anlauf, Schwung
veire	sehen, schauen
veitura, f.	Auto
verd, -a	grün
vela, f.	Locke, Haare, Segel
velhada, f.	geselliges abendliches Beisammensein
rapide, -ida	schnell
vendémias,	
f. pl.	Weinernte
vendre	verkaufen
venir	kommen

vent, m.	Wind
ventre, m.	Bauch
vergonha, f.	Schande, Schmach
vergonhós, -osa	schändlich, schmachvoll, schamhaft
vèrs/cap a	gegen, nach, in Richtung auf
vertat, f.	Wahrheit
vertadièr, -a	richtig, wirklich, wahr
vesin, -a, m./f.	Nachbar/in
vèsta, f.	Jacke
vestir	ankleiden, anziehen
veusa, f.	Witwe
vial, m.	Pfad
vianda, f.	Fleisch
victòria, f.	Sieg
vida, f.	Leben
vièlh, -a	alt
vietdase!	Donnerwetter!
vila, f.	Stadt
vilassa, f.	häßliche große Stadt
vilatge, m.	Dorf
vin, m.	Wein
violon, m.	Geige, Violine
virar	wenden, drehen, um die Ecke biegen
viu, viva	lebendig, lebhaft
viure	leben
vuèg, -ega	
voide, -ida	leer
voler	wollen
votz, f.	Stimme

IV. Tabellarische Skizze der Geschichte Okzitaniens

407-409: erste verheerende Einfälle germanischer Stämme im Süden des römischen Galliens;

419-507: Aquitanisches Reich der Westgoten mit der Hauptstadt Toulouse; Eroberung der Provence unter Eurich (466-484);

507: Schlacht bei Vouillé; Eroberung des westgotischen Königreiches durch die Franken unter Chlodwig; Septimanien (Gebiet zwischen Rhone, Pyrenäen und Zentralmassiv, entspricht in weiten Teilen der heutigen Region Languedoc-Roussillon) bleibt auf Intervention des Ostgotenköngis Theoderich vorerst westgotisch;

532-34: fränkische Eroberung des Burgunderreiches;

535-37: ostgotische Abtretung der Provence an die Franken (Zugang zum Mittelmeer);

732: Schlacht zwischen Tours und Poitiers: Karl Martell besiegt die Araber;

736-39: Eroberung Septimaniens und der Provence durch Karl Martell;

840/41: Bruderkrieg Ludwigs des Deutschen und Karls des Kahlen gegen Lothar, der in der Schlacht bei Fontenoy besiegt wird;

843-987: nomineller Zusammenhalt des Westfrankenreiches, doch interne Ausbildung zunehmend autonomer Territorialmächte wie Aquitanien und Toulouse;

987: Hugo Capet wird frz. König; Beginn des Herrscherdynastie der Kapetinger;

ca. 1000: Aufkommen der ersten literarischen Texte in (Alt-)Okzitanisch;

1071-1127: Guilhèm IX, Herzog von Aquitanien, zugleich erster bedeutender Troubadour;

11.-13. Jh.: Blütezeit der okz. Lyrik;

1122-1204: Lebenszeit Eleonores von Aquitanien, Erbtochter des Herzogs Guilhèm X; 1137 Heirat mit Ludwig VII., König von Frankreich; 1152 Scheidung und Neuvermählung mit Heinrich II. Plantagenet, dem künftigen König von England; Eleonores Hof in Poitiers wird bedeutendes Kulturzentrum; Beginn englischer Präsenz in Aquitanien und der Gaskogne;

um 1200: Erscheinen der *Razos de trobar* von Ramon Vidal de Besalú, der ersten okzitanischen Grammatik (und Poetik);

1208: Papst Innozenz III. ruft zum Kreuzzug gegen die häretischen Katharer/Albigenser auf, die der Kirche das Recht auf Herrschaft und Besitz absprechen;

1209-1229: Albigenserkreuzzüge: 1209 Zerstörung von Béziers durch Simon de Montfort; 1213 Sieg bei Muret über das okzitanische Heer Ramon VI und seines Schwagers Pere II von Aragon; 1226 endgültige Eroberung des Languedoc durch Ludwig VIII.; 1229 Vertrag von Meaux beendet die Albigenserkriege;

1271: Annexion der Grafschaft Toulouse durch das Königreich Frankreich;

1323: Gründung des *Consistòri del Gai Saber* in Toulouse, eines Literaturzirkels, der regelmäßig okzitanische Dichterlesungen, die sog. *Jòcs Florals* (Blumenspiele), austrägt;

ab dem 14. Jh. (bis 1620): im Béarn und in Navarra ist Gaskognisch Amtssprache;

1453: Aquitanien, seit Mitte des 12. Jh. unter englischem Einfluß, kommt endgültig unter die Herrschaft der französischen Krone;

1481: Annexion der Provence durch die frz. Krone;

1539: Edikt von Villers-Cotterêts unter Franz I. von Frankreich; bis Ende des Jahrhunderts weitgehender Verlust des Okzitanischen als schriftlicher Verwaltungssprache;

1620: Annektierung des Béarn durch das Königreich Frankreich;

1681: Eröffnung des Canal du Midi;

1790: Umfrage und Bericht des Abbé Grégoire an die Nationalversammlung über die Situation der "Patois de France"; Franzisierungskampagnen;

1854: Gründung des provenzalischen Dichterkreises *Félibrige*; Bemühen um eine literarische Renaissance des Okzitanischen und eine Sanierung des beschädigten Sprach- und Kulturbewußtseins der Okzitanen;

1859: Veröffentlichung von Frédéric Mistrals provenzalischem Epos *Mirèio*;

1870/71: Commune-Bewegung in Marseille, Narbonne u. Toulouse; starke innere Heterogenität: Nebeneinander föderalistischen, jakobinischen und anarchistischen Gedankenguts; in der Regel von kurzer Dauer; z.T. gewaltsam niedergeschlagen;

1881: Einführung der allgemeinen Schulpflicht in Frankreich; massive Bekämpfung der nichtfranzösischen Regionalsprachen beschleunigt den Rückgang des Okzitanischen als gesprochener Sprache;

1904: Nobelpreis für Literatur an Frédéric Mistral;

1907: Winzeraufstände im Languedoc: zunächst ökonomisch motivierte Protestbewegung, die sich in der Folge mit politisch-föderalistischen Forderungen verbindet; Ziel ist eine verstärkte Berücksichtigung regionaler Wirtschaftsinteressen in einer weitgehend fremdbestimmten okz. Wirtschaft; v.a. fehlende Unterstützung durch frz. Sozialisten und Zentralgewerkschaften läßt ursprünglich breit angelegte Bewegung verebben;

1945: Gründung des *Institut d'Estudis Occitans* (I.E.O.);

ca. 1950: Verschwinden der letzten monolingualen Okzitanischsprecher;

1951: *Loi Deixonne*: bescheidene schulische Wiederzulassung des Okzitanischen in der Option eines Freifaches außerhalb des regulären Unterrichts;

1962: Streik von *Decazeville* (La Sala); sukzessive Schließung der Bergwerke von Alès, Graissessac, Carmaux und Decazeville kennzeichnet den Niedergang der okz. Kohleindustrie und Eisenverhüttung und mit ihr den des in Okzitanien traditionell starken Industriesektors; eine massive arbeitsbedingte Migration in den Norden Frankreichs ist die Folge;

1975: Massenkundgebungen auf dem *Larzac*, einem Hochplateau in den südlichen Cevennen; aus anfänglichem Protest und Widerstand gegen die geplante Erweiterung eines frz. Militärlagers auf Kosten der umliegenden Landwirtschaft (v.a. Schafzucht) entwickelt sich eine Massenbewegung und ein Präsentationsforum verschiedenster gesellschaftlicher Minderheiten; auf dem Höhepunkt der Bewegung versammeln sich bis zu 500.000 Menschen auf dem Larzac;

1981: *Rapport Giordan* über die Situation der Minderheitensprachen in Frankreich; Forderung nach einer 'Wiedergutmachung' ('réparation historique') des an ihnen begangenen sprachlich-kulturellen Unrechts;

1982: Regionalisierungsgesetze von Gaston Defferre machen aus den frz. *Régions*, bisher reinen Verwaltungseinheiten, politische Institutionen mit budgetärer Teilautonomie;

1983: *Circulaire Savary*: Integration des Okzitanischen (und der anderen Regionalsprachen Frankreichs) in den regulären Unterricht; Option ihres Erwerbs als zweiter oder dritter lebender Sprache in *collège* und *lycée*;

1991/92: Einrichtung eines Sekundarlehrerdiploms C.A.P.E.S. (Certificat d'aptitude au professorat de l'enseignement du second degré) für Okzitanisch; zunehmende Institutionalisierung und Professionalisierung der Okzitanischlehrerausbildung.

V. Sachregister

VI. Kurzbibliographie

Sprach- u. Kulturgeschichten

Bec, Pierre, ^{6}1995, *La langue occitane*, Paris: Presses Universitaires de France;

Holtus, Günter / Metzeltin, Michael / Schmitt, Christian, Hrsg., 1991, *Lexikon der Romanistischen Linguistik/LRL, Band V,2: Okzitanisch, Katalanisch*, Tübingen: Niemeyer;

I.E.O., 1979, *Histoire d'Occitanie*, par une équipe d'historiens sous la direction d'André Armengaud et Robert Lafont, Paris: Hachette;

Kremnitz, Georg, 1981, *Das Okzitanische*. Sprachgeschichte und Soziologie, Tübingen: Niemeyer;

Literaturgeschichten

Garavini, Fausta, 1970, *La letteratura occitanica moderna*, Firenze: Sansoni, Milano: Edizioni Accademia;

Gardy, Philippe, 1992, *Une écriture en archipel*. Cinquante ans de poésie occitane (1940-1990), Eglise-Neuve-d'Issac: Fédérop;

idem, 1996, *L'écriture occitane actuelle*. Une quête des mots, Paris: L'Harmattan;

Lafont, Robert / Anatole, Christian, 1970/71, *Nouvelle histoire de la littérature occitane*, 2 Bd., Paris: Presses Universitaires de France;

Rouquette, Jean, ^{3}1980, *La Littérature d'Oc*, Paris: Presses Universitaires de France;

Literaturanthologie

Kirsch, Fritz-Peter, Hrsg., 1980, *Okzitanische Erzähler des 20. Jahrhunderts*. Ausgewählte Texte mit deutscher Übersetzung und Kommentar, Tübingen: Narr;

Lexika

Alibert, Louis, 1966, *Dictionnaire occitan-français d'après les parlers languedociens*, Toulouse: Institut d'Etudes Occitanes (div. Nachdrucke);

Barthes, Roger, 1980, *Lexique Occitan-Français*, Paris: Collection des "Amis de la Langue d'Oc";

Lagarde, André, 1996, *Dictionnaire occitan-français, français-occitan*, Toulouse: C.R.D.P. Midi-Pyrénées;

Mistral, Frédéric, 1979, *Lou Tresor dóu Felibrige*, 2 Bd., La Calade, Aix-en-Provence: Edisud, (1. Auflage 1878);

Grammatiken/Lernhilfen

Alibèrt, Loïs, ^{2}1976, *Gramatica Occitana segon los parlars lengadocians*, Montpelhièr: Centre d'Estudis Occitans;

Ronjat, Jules, 1980, *Grammaire istorique des parlers provencaux modernes*, Band 1-4, Marseille: Laffitte Reprints, Genf: Slatkine Reprints, (1. Aufl. 1930-41);

Sauzet, Patrick / Ubaud, Josiane, 1995, *Le verbe occitan. Lo vèrb occitan.* Guide complet de conjugaison selon les parlers languedociens, Aix-en-Provence: Édisud;

Taupiac, Jacme, 1995, *Gramatica occitana*, Puèglaurenç: Institut d'Estudis Occitans;

Teulat, Rogièr, 1976, *Mémento grammatical de l'occitan referentiel*, CAP E CAP, Edicions Occitanas.

In der

BIBLIOTHEK ROMANISCHER SPRACHLEHRWERKE

sind bisher erschienen:

Vol. 1: Röntgen, Karl-Heinz: Einführung in die katalanische Sprache. 4., korrigierte und aktualisierte Auflage. 2000. 117 p. ISBN 3-86143-118-1. **9,90 €**

Vol. 2: Mensching, Guido: Einführung in die sardische Sprache. 2.,durchgesehene Auflage. 1994.135 p. ISBN 3-86143-015-0. **8,40 €**

Vol. 3: Talos, Florica/Talos, Ion: Einführung in die rumänische Sprache. 1999. 156 p. ISBN 3- 86143-092-4. **9,90 €**

Vol. 4: Cichon, Peter: Einführung in die okzitanische Sprache. 1999. 146 p. ISBN 3-86143-093-2. **9,90 €**

Eine *Einführung in das Dolomitenladinische* ist in Vorbereitung.